U0857053

企业生命周期视角下

管理者行为

对非效率投资影响研究

侯巧铭 —— 著

辽宁人民出版社

图书在版编目（CIP）数据

企业生命周期视角下管理者行为对非效率投资影响研究 / 侯巧铭著 . — 沈阳 : 辽宁人民出版社 , 2019.10
ISBN 978-7-205-09680-9

Ⅰ . ①企… Ⅱ . ①侯… Ⅲ . ①企业管理－影响－投资行为－研究－中国 Ⅳ . ① F279.23

中国版本图书馆 CIP 数据核字（2019）第 153216 号

出版发行：辽宁人民出版社
地址：沈阳市和平区十一纬路 25 号　邮编：110003
http://www.lnpph.com.cn
印　　刷：辽宁星海彩色印刷有限公司
幅面尺寸：170mm × 240mm
印　　张：9.25
字　　数：150 千字
出版时间：2019 年 10 月第 1 版
印刷时间：2019 年 10 月第 1 次印刷
责任编辑：阎伟萍　孙　雯
装帧设计：留白文化
责任校对：王　斌
书　　号：ISBN 978-7-205-09680-9
定　　价：38.00 元

前言

投资是企业资源配置的重要方式，也是提升企业价值的基础。投资效率对宏观经济增长和微观企业发展都具有重要的贡献作用，但是“投资效率悖论”问题却给企业带来了现实的烦恼，如何解释并解决企业非效率投资问题也成为学术界重要的研究命题。管理者掌握着企业最重要的投资决策权，受管理者行为影响的投资决策质量必然成为决定投资效率的关键因素之一，关乎企业发展战略的实施，决定企业的未来。在生命周期不同阶段，管理者行为会发生不同变化，企业战略决策也体现出明显的差别。从企业生命周期动态视角，研究管理者行为对企业非效率投资的影响更具有必要性和重要意义。

针对我国企业普遍存在非效率投资的客观事实以及企业投资决策中管理者的权利地位和作用，本书立论于企业生命周期视角下管理者行为对非效率投资影响的研究。本书在掌握国内外研究现状的基础上，对管理者行为、非效率投资等关键概念的含义进行界定，并对资本投资理论、委托代理理论、管家理论和行为金融理论进行介绍；分析管理者代理行为和管理者过度自信对企业非效率投资的影响机理，特别在企业生命周期的动态视角下，研究管理者代理行为和管理者过度自信的动态变化情况，进而对企业非效率投资的形成机理给予综合动态的解释；通过理论分析提出研究假设，运用单因素方差分析、多元线性回归和工具变量法，选取上市公司数据进行实证检验；根据实证分析结果，即生命周期不同阶段企业非效率投资的管理者行为诱因，提出约束管理者行为、治理非效率投资的对策建议。

本书的研究内容主要包括以下五部分：

第一，对关键概念进行界定，寻求本书研究的基础理论依据。按照企业所有者与管理者的利益关系，将管理者行为分为管理者代理行为和管理者过度自信，依据委托代理理论对管理者代理行为展开研究，依据管家理论和行为金融理论对管理者过度自信展开研究；介绍资本投资理论，包括凯恩斯投资理论、加速投资理论、最优资本函数理论以及托宾Q理论等。

第二，从理论上深入研究管理者代理行为和管理者过度自信对企业非效率投资的综合动态影响机理。代理行为下管理者出于自由现金流假说、私有收益假说和管理者防御假说的动机，做出有损股东利益的投资行为，过度自信的管理者因高估项目收益或因高估企业价值而放弃成本较高的外部融资导致非效率投资。对企业非效率投资的综合分析，突破了仅在管理者理性或非理性单一假设下进行传统研究的局限，将管理者理性假设和非理性假设两种范式相结合，研究管理者代理行为和管理者过度自信对企业非效率投资的综合影响；对企业非效率投资的动态分析，是在企业生命周期的不同阶段，依据企业组织结构、内部层级和股权融资的不同特点，研究管理者代理行为的波动变化，依据过去经历、目前学习和未来预期三个影响因素，探讨管理者过度自信的动态变化，进而对生命周期不同阶段企业非效率投资的形成机理给予理论上的演绎推理，并据此提出本书的研究假设。

第三，选取变量构建实证研究的计量模型。借鉴Richardson模型的残差度量非效率投资，用管理费用率和资产周转率两个变量度量管理者代理行为。在比较现有管理者过度自信度量方法的基础上，依据心理学自利归因理论创新性地提出了自利归因度量法，对上市公司业绩预告中业绩变动的原因说明进行归因判断，通过自利归因倾向对管理者过度自信水平进行度量，借鉴Dickinson现金流组合分类法划分企业生命周期，构建多元线性回归模型，以检验管理者代理行为和管理者过度自信对非效率投资的动态综合影响。模型构建中为控制其他因素对非效率投资的影响，选取了自由现金流、股权集中度、独立董事比例、资产负债率、董事会规模、公司规模和股权性质等控制变量，同时为了解决模型中存在的内生性问题，选择可持续增长率作为工具变量，应用两阶段最小二乘法进行回归分析。

第四，运用实证分析方法检验管理者行为对企业非效率投资的动态影响。具体采用描述性统计、多元线性回归、单因素方差分析、工具变量法等实证方法对理论假设进行检验，得出如下结论：管理者代理行为和管理者过度自信都可导致企业非效率投资。上市公司管理者代理行为随企业生命周期阶段的发展逐渐加强，但管理者过度自信程度却随之减弱，成长期管理者过度自信水平与成熟期管理者过度自信水平差异不显著，但都显著高于衰退期管理者过度自信水平。管理者代理行为和管理者过度自信综合导致了企业非效率投资，在企业生命周期不同阶段非效率投资的管理者行为诱因却存在一定差异：成长期阶段的企业非效率投资主要受管理者过度自信的显著影响，成熟期阶段的企业非效率投资受管理者代理行为和管理者过度自信的综合影响，衰退期阶段的企业非效率投资主要受管理者代理行为的显著影响，成熟期管理者代理行为较管理者过度自信对企业非效率投资的影响作用略强。在稳健性检验中，分别做了控制内生性、管理者代理行为指标和管理者过度自信指标的替换检验，研究结论稳定一致。

第五，根据实证分析结果，即生命周期不同阶段企业非效率投资的管理者行为诱因，提出约束管理者行为、治理非效率投资的对策建议。建立动态治理机制以应对管理者行为变化，建立条件约束机制以控制管理者决策资源，建立学习行为机制以修正管理者认知偏差，进而形成管理者“不敢非效率投资、不能非效率投资、不想非效率投资”的有效机制以治理非效率投资。

通过分析管理者行为在企业生命周期发展阶段的动态变化，解释并验证了管理者行为对非效率投资的综合动态影响机理，为提出诱发非效率投资的管理者行为约束策略提供了崭新的方向和科学的依据。研究可以强化市场监管机构对企业投资行为的监督，帮助政府主管部门有的放矢地加强国企管理者的任用与管理，为公司股东实施管理者动态约束和治理提供重要的参考依据。

本书是作者博士学位论文（2018）的核心内容，也是辽宁省社会科学规划基金项目“辽宁企业非效率投资影响机理与治理策略研究”（项目编号：L14BGL027）的核心研究成果。在此，首先感谢作者导师宋力教授的悉心指导，感谢宋老师洞察专业学术前沿的敏锐，感谢宋老师对研究问题的高屋建瓴，感谢宋老师对研究方法的深入细腻。同时也感谢沈阳工业大学管理学院的博导、教授对作者博士论文及课题项目给予中肯的修改意见，感谢六年来多次学术交流中点评人的客观点评，感谢《会计研究》杂志匿名审稿人对本书核心内容的高度提升，感谢家人的理解和支持，感恩身体健康的父母，感谢背后默默支持和付出的爱人，感谢上小学的女儿在学习上的“攀比”和鼓励。最后诚挚地感谢辽宁人民出版社的支持与帮助，使得本书能够尽快呈现在读者面前。由于作者水平和时间所限，书中难免有不当之处，恳请读者批评指正。

目录

第2章 文献综述

第3章 相关概念和基础理论

第4章 管理者行为对企业非效率投资的动态影响机理分析

第5章 实证研究设计

第6章 实证分析结果

第7章 稳健性检验

第 1 章 | 绪论

1.1 选题背景

1.1.1 投资效率对宏观经济增长和微观企业发展具有重要的贡献作用

投资是企业资源配置的重要方式，是企业为了获得收益或资金增值而向某一领域投放资金或实物的经济行为。对于宏观经济而言，在萨伊提出“供给自动创造需求”定律和凯恩斯出版《就业、利息与货币通论》以后，经济学家们分别从供给和需求的角度研究了投资对经济增长的拉动作用，我国改革开放 40 多年的经济持续高速增长同样依托于投资带来现金流增加的推动力量。对于微观企业而言，投资是提升企业价值的基础，投资决策是企业三大财务决策的核心，在企业战略层面占有重要的地位，投资效率直接关系企业战略目标的实现，只有高效率的投资才能使企业在激烈的竞争中立于不败之地。

然而，在现实中，我国经济高速发展并不完全符合可持续的科学发展规律，大量的资金和资源的投入带动了经济增长，但同时也在一定程度上耗费了丰富的资源，破坏了良好的生态环境。诸多行业扎堆投资、重复投资引发产能过剩，过度投资问题广泛存在。中国钢铁工业协会 2013 年 7 月 31 日公布的统计数据显示，2013 年上半年一吨钢利润仅为 0.43 元，这意味着两吨钢的获利买不来一支冰棍。企业盲目追求规模所进行的投资行为，最终超出了企业管理能力和财务支持能力而迫使企业陷入危机。可见，企业投资并非都能按照决策者的预期为企业和股东带来更多的收益，使投资者获得更多的回报。

我国学者刘元春（2001）最早提出“效率悖论”的概念[1]。近年来，“效率悖论”问题也逐渐引起国家有关部门的高度关注。2006年6月，国资委发布《中央企业投资监督管理暂行办法》，旨在抑制投资对经济的不利影响；2007年12月，财政部与国资委联合发布《中央企业国有资本收益收取管理办法》，对国企投资行为进行规范管理；2008年，国资委要求存在过度投资行为的央企反思以往的生产经营方式；2010年，财政部明确提出将运用合理的手段遏制央企的盲目投资行为；2017年10月18日，习近平总书记在党的十九大报告中指出深化供给侧结构性改革，在“三去一降一补”的重要任务中，首要任务就是“去产能”，即化解过剩产能，报告还提出要深化投融资体制改革，发挥投资对优化供给结构的关键性作用。

与过度投资相背，企业中也存在投资不足这一极其普遍的现象。张功富和宋献中（2009）对我国沪深301家工业上市公司的非效率投资进行度量，发现其中有39.26%的上市公司非效率投资表现为投资过度，而60.74%的上市公司非效率投资表现为投资不足[2]。周伟贤（2010）研究发现中国非金融类上市公司非效率投资情况普遍，投资不足比例高达62%，较过度投资更为严重[3]。池国华等（2016）对2010—2013年深沪国有上市公司企业非效率投资进行度量，发现其中有38.87%的公司投资过度，其余61.13%的公司投资不足[4]。上市公司将资本市场视为圈钱的工具，在股权融资后却选择放弃净现值大于零的投资项目，以委托理财、购买国债等方式闲置募集的资金，资金未达到预期的投资目的和效率（肖钢，2008[5]；蒋海燕，2011[6]；吴金娇，2012[7]）；而中小企业却普遍面临着融资困难的现实难题，资金不足导致企业不得不放弃净现值大于零的投资项目。投资不足必然使企业错失良好的投资机会，严重影响投资效率的提高，最终限制了企业的价值提升和发展。

宏观方面，国家和企业基于经济增长的投资扩张热情高涨；微观方面，无论是过度投资还是投资不足均会造成企业资源的浪费或闲置，非效率投资使企业偏离其发展战略目标，更无法实现企业价值的最大化，最终将影响企业的可持续发展乃至生存。可见，只有不断提升微观企业的投资效率，减少非效率投资，才能在满足企业可持续发展的同时保障宏观经济增长，投资才能真正成为宏观经济增长的重要力量。那么，企业非效率投资是如何产生的？如何才能有效治理企业非效率投资？这些问题成为目前学术界和实务界广泛关注的热点[8]。

1.1.2 管理者行为对企业非效率投资产生重要的影响

长久以来，国内外众多学者致力于解释并解决企业非效率投资问题，主要在委托代理问题和信息不对称引起的融资约束问题的框架下研究企业非效率投资的成因。

然而，Coase（1937）指出管理者掌握着企业最重要的投资决策权[9]，投资决策是企业重要的战略决策之一（黄莲琴，2013[10]），企业战略决策受决策者行为模式的影响（徐梅鑫和叶广宇，2012[11]）。因此，作为企业的舵手，管理者投资决策是最重要的常项工作，而管理者行为引导并控制着其投资决策。一项正确的决策可以使一个企业起死回生，创造辉煌的业绩，而一项错误的决策则会将一个企业引向崩溃的边缘。据世界著名的决策咨询机构——美国兰德公司估计，世界上破产倒闭的大企业，85% 都是因管理者决策失误而造成的。可见，管理者决策如同企业发展的指南针，对企业的投资效率乃至投资成败、企业价值的创造都具有决定性的作用。受管理者行为影响的投资决策质量已经成为决定企业投资效率的关键因素之一，决定企业的发展和未来。

经典 MM 理论的提出（Modigliani 和 Miller，1958[12]）依赖于完全套利、理性投资和有效市场等诸多假设，其与现实条件存在明显的差异，因此，现代投资理论得以不断的完善和发展。之后有学者开始逐一突破这些假设，研究信息不对称（Jenson 和 Meckling，1976[13]）、融资约束（Myers 和 Majluf，1984[14]）和代理行为（Jensen，1986[15]）对企业非效率投资的影响，证实了公司资本错误配置引发投资不足或过度投资等非效率投资的存在。与之密切相关的非效率投资问题成为近半个世纪以来西方投资决策理论研究中的热点之一。

然而，经典投资理论的重要前提之一就是理性人假设，即假定投资决策的主体是完全理性的，企业管理者会遵循预期效用理论和贝叶斯决策理论进行决策。随着研究的深入，这种关于理性的严格假设在现实中遭到重重质疑。理论研究中出现一些传统理论无法解释的投资异象，如：即使项目最终失败，企业决策者也因其对项目负有责任而会投入比成功项目更多的资金。基于委托代理和信息不对称的理论框架已不能很好地解释这些投资现象。为此，自 20 世纪 80 年代一些学者开始尝试从管理者自身行为特征出发构筑新的理论 [16]。行为金融理论的兴起和发展为学者们拓展了新的研究思路，也让学者们逐渐认识到投资者和管理者的非理性行为会对企业投资决策产生影响。企业扎堆投资往往就是由于企业管理者对行业未来的市场需求、投资收益预期过高，而对风险预期过低，因此常出现盲目扩张规模、蜂拥式的圈地运动 [17]。Roll（1986）开始认识到管理者非理性行为特别是管理者过度自信同样会对企业非效率投资产生影响 [18]。

管理者也是普通人，在其面对市场不确定性特征和企业现实情况时，管理者只能根据有限的信息和资源进行有限理性的决策，管理者决策受到所处环境、心理认知等多因素的相互影响。管理者过度自信本质上是管理者对自身能力的心理认知偏差，管理者认为自己做出的决策是科学的，是利于企业价值最大化原则的，事实上却由于管理者心理上或认知上的偏差干扰了其决策判断，使得管理者做出自身无法察觉或不愿承认的错误决策，这种决策反而会对企业价值和股东利益产生不利的影响。可见，这种损害股东利益和企业价值的投资决策并非源于传统理论中所有者与经营者间的利益冲突，而是管理者自身存在认知偏差的结果。在中国传统儒家文化思想的影响下，在改革开放后市场经济迅速发展的背景下，我国的企业管理者易产生过度自信的认知偏差。

因此，在管理者行为对企业非效率投资影响的研究中，应将委托代理理论下的管理者代理行为和行为金融理论下的管理者过度自信相结合，综合研究管理者有限理性行为对企业非效率投资的影响。

1.1.3 考虑企业生命周期的非效率投资动态成因的必要性

生命周期是表述企业成长周期的战略管理理论，是企业战略、竞争环境和企业经营的综合结果。有关企业生命周期的研究最早见于 1959 年，Haire

（1959）认为企业发展符合生物学的成长曲线[19]。1989 年 Adizes 率先系统阐述了企业生命周期理论，将其划分为两阶段十个时期[20]。Miller（1984）提出，随着生命周期不同阶段的发展，企业的组织结构、内部层级及所有者与管理者之间关系也会发生变化[21]。19 世纪美国心理学教授威廉·詹姆斯在著作《心理学原理》中提出“表现原理”，认为随着时间和外界环境的改变，在不同的阶段，面对不同的事物，人的思想和心理状态会因为不断被添加进新的东西而不会完全相同[22]。

在生命周期不同阶段管理者行为会发生不同的变化，企业的战略决策也会在不同阶段有明显的差别。因此，仅从静态角度研究企业非效率投资的产生机理并不深入，也不能系统地找出非效率投资的客观成因。从企业生命周期的动态视角，研究管理者行为对企业非效率投资的影响更具有科学性和必要性。

1.2 研究意义

本书从企业生命周期动态视角研究管理者行为对企业非效率投资的影响，以管理者与所有者利益关系是否一致为标准，将管理者行为划分为管理者代理行为和管理者过度自信，通过企业生命周期不同阶段管理者代理行为和管理者过度自信的波动变化，对企业非效率投资的形成机理给予综合动态的理论分析和解释。在此基础上，从约束管理者行为入手，根据生命周期不同阶段企业非效率投资的具体形成机理，探寻约束管理者行为的有效途径和方法，提出治理非效率投资的可行策略，最终实现企业投资效率的优化。该研究具有重要的理论意义和现实意义。

1.2.1 理论意义

第一，研究揭示了管理者代理行为和管理者过度自信对企业非效率投资的综合影响机理。研究不仅分析了两种管理者行为对企业非效率投资的独立影响，还将管理者理性假设和非理性假设相结合，深入研究管理者代理行为和管理者过度自信对企业非效率投资的综合影响，突破了仅在管理者理性或非理性的单一假设下开展传统研究的局限性，拓展了行为金融理论和传统投资理论的相关研究。

第二，研究揭示了管理者代理行为和管理者过度自信对企业非效率投资的动态影响机理。在企业生命周期的不同阶段，管理者代理行为和管理者过度自信都会存在差异变化，而这种差异变化将决定何种行为会在企业非效率投资中起到相对主导的影响作用。这一结果可对非效率投资成因的静态研究起到重要的丰富和补充推动作用。

第三，研究为动态治理非效率投资的途径和思路提供新的理论研究方向。鉴于企业非效率投资的动态形成机理识别出的管理者行为诱因，可以探寻多种管理者行为约束的有效途径，提出有针对性的管理者行为约束策略，为企业非效率投资治理的理论研究提供了新的思路和方向。

第四，研究对管理者过度自信的度量和非理性行为的制约提出新的方法。本书使用自利归因法对管理者过度自信进行度量，提高了度量结果的有效性和可靠性，将会对管理者过度自信实证研究的发展起到一定的推动作用；在制约管理者过度自信研究中引入社会网络分析方法，通过建立管理者社会网络，为不同企业管理者之间创造条件和环境，提供更有效的信息和更多的学习机会，实现信息共享，推动经验交流，进而修正管理者心理认知偏差，纠正管理者过度自信。对于拓展管理者非理性行为的现有研究，丰富行为金融理论具有重要的意义。

1.2.2 现实意义

首先，研究对企业实施动态治理、优化投资效率具有重要的现实意义。本书从生命周期动态视角分析了企业非效率投资的管理者行为动因，帮助企业发现问题，寻找更贴近企业实际的动因，有利于从管理者心理特征和行为特征方面完善治理方法与管理模式，实施动态公司治理结构，从而可以实现更加科学的投资决策，优化投资效率，提升企业价值。其次，研究为决策管理部门制定规范约束管理者行为制度提供依据。根据管理者行为及其在企业生命周期下的波动表现，政府主管部门可以有的放矢地加强国企管理者的任用与管理，市场监管机构可以提高对企业投资行为的监督，公司股东也可以加强对管理者行为的动态约束和治理。最后，管理者可以检验自身是否存在认知偏差并度量其程度，通过学习或融入管理者网络修正自身的过度自信行为。

1.3 研究内容与研究方法

1.3.1 研究内容

本书分 9 章，主要内容如下：

第 1 章，绪论。介绍本书选题背景和研究意义、研究的基本思路、主要研究内容和技术路线、研究方法，阐明本书研究的创新之处。

第 2 章，文献综述。本书将分别梳理国内外关于非效率投资的研究文献、管理者代理行为对非效率投资影响的研究文献、管理者过度自信度量方法及管理者过度自信对非效率投资影响的研究文献、企业生命周期划分及与非效率投资相关的研究文献，在此基础上对文献进行评述。

第 3 章，相关概念与基础理论。对涉及的关键概念进行明确界定，如管理者代理行为和管理者过度自信、企业生命周期、非效率投资。对本书研究涉及的相关理论进行介绍，包括资本投资理论、委托代理理论、管家理论和行为金融理论，构成全书研究的理论基础。

第 4 章，管理者行为对企业非效率投资的动态影响机理分析。在委托代理理论框架下分析管理者代理行为对企业非效率投资的影响，同时在管家理论和行为金融理论框架下分析管理者过度自信对企业非效率投资的影响；进一步考虑企业生命周期的调节作用，分析管理者代理行为和管理者过度自信在企业成长期、成熟期和衰退期的动态变化情况，并在此基础上研究管理者行为对企业非效率投资的综合动态影响机理。这是本书理论研究的核心内容，也是实证研究假设提出的重要理论分析依据。

第 5 章，实证研究设计。依据第 4 章的理论分析，归纳汇总本书研究假设；模型构建中，用 Richardson 回归模型的残差度量非投资效率，选用管理费用率、总资产周转率作为管理者代理行为的度量变量，对管理者过度自信的度量方法进行比较，分析各方法的使用局限，通过心理学理论的应用分析，提出自利归因度量法对管理者过度自信进行度量，运用现金流组合分类法来划分企业生命周期，同时选取研究中必要的控制变量，建立多元线性回归模型，对研究假设进行实证分析。在实证分析模型的构建中，充分考虑了变量间不可避免的内生性问题，选取可持续增长率作为工具变量，使用两阶段最小二乘法（2SLS）进行实证研究。最后对实证研究的样本选取和数据来源进行说明。

第 6 章，实证分析结果。对各变量进行描述性统计分析，进而分别检验管理者代理行为、管理者过度自信对企业非效率投资影响的假设，利用单因素方差分析方法对企业生命周期不同阶段管理者代理行为和管理者过度自信的动态变化情况进行检验，利用总样本数据和企业生命周期不同阶段的分样本数据，检验管理者代理行为和管理者过度自信对企业非效率投资的动态综合影响假设，对实证分析结果进行解释说明。

第 7 章，稳健性检验。为得到稳定一致的研究结论，本书先是以可持续增长率为工具变量，应用两阶段最小二乘法进行控制内生性的稳健性检验，之后又分别对管理者代理行为和管理者过度自信的度量变量进行替换，进行稳健性检验。

第 8 章，诱发非效率投资的管理者行为约束策略研究。从实证分析结果和约束管理者行为入手，提出优化企业非效率投资的策略，包括建立动态治理机制以应对管理者行为变化，建立条件约束机制以控制管理者决策资源，建立学习行为机制以修正管理者认知偏差。

第 9 章，结论。梳理全书，介绍研究成果和结论，提出本书研究的不足和对未来研究的展望。

1.3.2 研究方法

（1）文献分析法

在阅读相关文献的基础上，就管理者代理行为、过度自信对企业非效率投资影响的研究进行比较和梳理，总结前人研究的成果空白，为本书研究思路的确定提供有效的方向，并为本书的理论研究和假说提出奠定了文献基础。

（2）演绎推理法

应用演绎推理法提出企业非效率投资的影响机理，对管理者代理行为和管理者过度自信在企业生命周期不同阶段的波动做出逻辑上的分析，说明其与企业非效率投资的关系，在理论分析部分主要运用了这种方法为本书提出实证研究的假设服务。

（3）自利归因度量法

应用自利归因度量法对管理者过度自信进行度量。自利归因度量法依据心理学自利归因理论提出，具体对上市公司年度业绩预告中业绩变动的原因说明进行语言分析，找出文字表述中的归因语句，通过文字分析对归因信息的部位进行计量，即判断每一归因句子是归为内部原因还是外部原因，并依据其与公司业绩正向或负向变动的关系，对自利归因行为倾向进行判断，进而对管理者过度自信进行识别和度量。

（4）回归分析法

应用 Richardson 模型进行多元线性回归，用模型残差的绝对值度量非效率投资的程度。此外，应用多元线性回归方法检验企业生命周期下管理者代理行为、过度自信对企业非效率投资的影响。

（5）单因素方差分析法

应用单因素方差分析法检验管理者代理行为、管理者过度自信在企业生命周期不同阶段的变化波动情况。

（6）工具变量法

为解决回归模型中的内生性问题，在稳健性检验中选取可持续增长率为工具变量，应用工具变量法对模型的内生性进行检验，并运用两阶段最小二乘法回归验证研究结果的稳定性。

根据本书的研究内容和研究方法，汇总技术路线图，如图 1.1 所示。

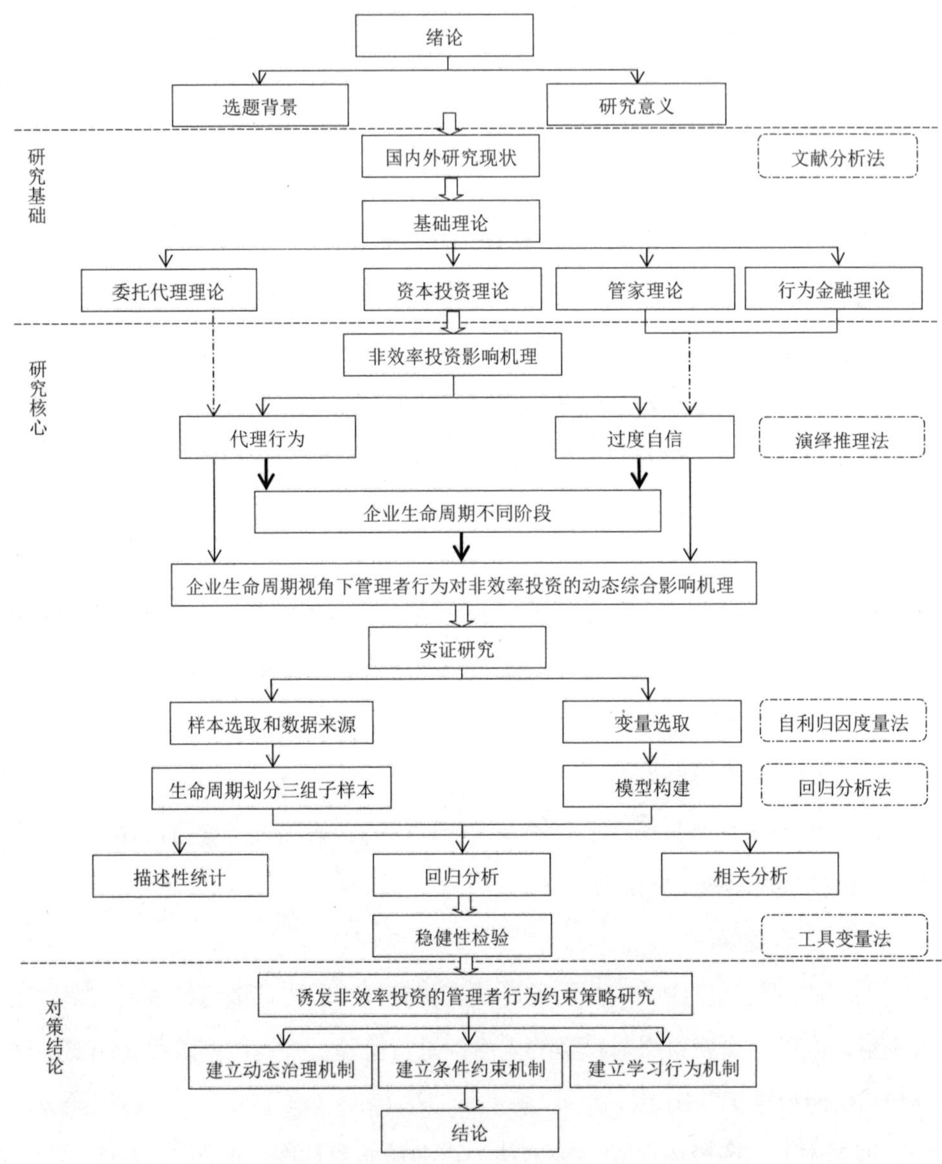

图 1.1 技术路线图
Fig. 1.1 Technology roadmapping

1.4 创新之处

本书研究创新之处在于：

（1）管理者过度自信度量方法的创新

本书对现有管理者过度自信常用度量方法进行比较，并对各种方法使用局限进行分析，发现传统度量方法普遍存在缺乏心理学理论依据的重大缺陷及由此导致的管理者过度自信度量存在测量误差。鉴于此，本书依据心理学自利归因理论，创新性地提出自利归因度量法对管理者过度自信进行度量。该方法通过对企业年度业绩预告中的业绩变动原因说明进行语言分析，识别归因信息部位，结合企业业绩变动方向对管理者过度自信进行识别和度量。应用该方法对2012—2015 年深沪 A 股上市公司管理者过度自信情况进行识别判断，结果显示每年近 70% 的公司管理者表现出不同程度的过度自信，各年分别有 539 家、574 家、613 家和 726 家公司管理者存在过度自信心理偏差，识别范围较其他度量方法更加宽泛，更加符合管理者普遍存在过度自信心理的理论共识。

（2）填补了企业生命周期不同阶段管理者过度自信水平波动的理论研究空白

现有文献的研究均是在对管理者过度自信进行简单度量的基础上展开的静态研究，一是现有的度量方法不便于分析管理者过度自信水平的差异，二是忽视了企业生命周期的动态研究视角。本书创新性地从过去经历、目前学习和未来预期三个影响管理者过度自信的因素入手分析企业生命周期不同阶段管理者过度自信心理波动变化的规律，并运用单因素方差分析方法对样本公司数据进行实证检验，发现管理者过度自信水平随企业生命周期发展阶段逐期减弱。研究为了解和修正管理者过度自信提供了系统的证据，同时也丰富了管理者非理性行为理论。

（3）企业非效率投资动态视角综合研究的创新

本书突破传统理性假设或非理性假设单一范式的研究框架，创新性地将管理者理性“经济人”假设下的代理行为和管理者非理性行为中的过度自信结合，研究企业的非效率投资究竟源于管理者代理行为抑或管理者过度自信，或为两者共同作用的结果。在此基础上，创新性地从企业生命周期视角动态研究管理者两种行为对非效率投资的影响，将企业非效率投资成因的传统静态研究拓展到动态层面，比较企业生命周期不同阶段企业非效率投资成因的差异，对管理者行为影响企业非效率投资的机理给予动态综合的解释，纠正并拓展了传统企业非效率投资成因的研究成果，为企业生命周期不同阶段诱发非效率投资的管理者行为动态约束治理提供理论依据和实践参考。

第2章 | 文献综述

国外学者对非效率投资的影响研究多集中于理性人假设下的信息不对称、委托代理和融资约束等方面，随着行为金融理论的兴起和发展，有学者突破理性人假设，从事管理者过度自信对非效率投资影响的研究。第 2 章内容结合本书研究框架，首先梳理了非效率投资的国内外文献，之后分别对管理者代理行为、管理者过度自信、企业生命周期对非效率投资影响的文献进行梳理，最后进行文献评述。

2.1 非效率投资相关研究

2.1.1 非效率投资界定

经典的传统投资理论以多种假设为前提，不存在非效率投资。而现实情况并非如此，目前学术界对于非效率投资的判断有两种主流思想：或依据资本存量，或依据投资准则。

Jorgenson（1963）依据最优化理论提出“最优资本存量”的概念，最优资本存量即企业利润最大时点的资本存量。实际未达到最优资本存量的部分为企业应投资的部分，这部分投资可以帮助企业实现价值增值[23]。新古典学派代表 Jevons（1871）在投资分析中引入了数理方法和边际原则，量化了边际收益和边际成本的概念。当市场机制处于完善状态时，只有预计投资项目的边际收益满足大于市场利率的条件时，理性投资者才会进行投资。通过数学函数分析得出：只有企业资本存量向最优资本存量变动的投资才是有效率的，否则就是非效率的投资[24]。Morgado 和 Pindado（2003）认为每一企业都存在不同的最优投资水平，实际投资水平高于最优投资水平就是投资过度，反之就是投资不足，但都表现出投资的非效率[25]。

用于判断非效率投资的准则分为多种，如边际收益和边际成本的比较、投资机会的大小和投资净现值正负的判断。Modigliani 和 Miller（1958）提出进行投资的三个参考，一是投资收益率不得小于资本成本，二是边际收益大于边际成本，三是投资项目的净现值为正[12]。Tobin（1969）提出投资 Q 理论，后得到 Hayashi 的完善发展[26]。Tobin's Q 理论用 Q 值反映投资机会，Q 值大于 1 时选择投资，Q 值小于 1 时出售资本[27]。Jensen 和 Meckling（1976）以项目的净现值为投资准则，将对净现值为负的项目进行投资视为投资过度，将主动或被动放弃净现值为正的项目投资视为投资不足，并将投资过度和投资不足统称为非效率投资[13]。

2.1.2 非效率投资计量

目前学术界主要应用三种模型对非效率投资进行度量：Fazzari、Hubbard 和 Petersen（1988）投资现金流敏感性模型（简称 FHP 模型）、Vogt（1994）现金流与投资机会交乘项判别模型和 Richardson（2006）残差度量模型。

（1）FHP（1988）投资现金流敏感性判别模型

Fazzari、Hubbard 和 Petersen（1988）在研究融资约束和企业投资行为时构建的模型（简称 FHP 模型）[28]，如公式（2.1）所示：

$$(I/K)_{i,t}=f(X/K)_{i,t}+g(CF/K)_{i,t}+\varepsilon_{i,t} \tag{2.1}$$

其中：I 代表资产投资；K 为公司期初资产存量；X 为以 Tobin' s Q 表示的企业投资机会；CF 表示企业内部现金流；f 和 g 分别表示投资机会和企业内部现金流的函数。

FHP（1988）使用 1970—1984 年间的 422 家美国样本公司数据，以股利支付率代表融资约束程度，在控制企业投资机会的情况下进行分组检验，发现融资约束程度与投资现金流敏感性正相关。由于信息不对称的原因，企业外源融资成本高于内源融资成本，企业面临一定的融资约束，但企业可以通过减少股利发放来降低高成本的外部融资，这就导致企业投资更多地依赖于内源融资，因而表现出融资约束程度与投资现金流敏感性正相关。

FHP（1988）模型将企业投资与企业内部自由现金流结合，固然扩展了自由现金流领域的研究，但在应用中也存在一定的局限性：第一，模型无法辨别非效率投资的具体类型，即投资不足或投资过度，当然也无法量化非效率投资的程度；第二，模型仅考虑融资约束的影响却忽略了其他因素，我国学者在使用该模型时进行了适当改进，添加了主营业务增长率、上期销售收入、现金存量、财务杠杆和年度控制变量等因素的影响（李维安和姜涛，2007[29]；张功富，2007[30]；支晓强和童盼，2007[31]；姚明安和孔莹，2008[32]）；第三，企业投资机会变量 X 存在衡量偏误[33]。

（2）Vogt（1994）现金流与投资机会交乘项判别模型

根据 Jensen（1986）的自由现金流假说，股东与经营者之间的代理问题同样会引起投资现金流敏感性，Vogt（1994）为了检验代理问题和融资约束与投资现金流敏感性的关系，构造了新的模型[34]，模型中增加了内部现金流和投资机会的交互效应，通过该交乘项系数的正负对投资过度和投资不足进行判断。新模型如公式（2.2）所示：

$$(I/K)_{i,t}=\beta_0+\beta_1(CF/K)_{i,t}+\beta_2(DCash/K)_{i,t}+\beta_3(Sales/K)_{i,t}+\beta_4 Q_{i,t-1}+\beta_5(CF/K)_{i,t}\times Q_{i,t-1}+\varepsilon_{i,t} \tag{2.2}$$

其中：I 代表资产投资；K 为公司期初资产存量；CF 表示内部现金流；$DCash$ 为现金股利变动额；$Sales$ 为本期营业收入；Q 依然表示投资机会。在回归模型的检验中，交乘项的系数 β_5 显著为负，说明企业投资过度，投资现金流敏感性源于代理问题；反之，交乘项的系数 β_5 显著为正，说明企业投资不足，投资现金流敏感性源于融资约束问题。

国内很多学者在研究中使用这种方法，并按照我国实际情况对模型进行了适度改进（何金耿和丁加华，2001[35]；梅丹，2005[36]）。但这个模型仍然不能对企业过度投资和投资不足的程度进行量化。

（3）Richardson（2006）残差度量模型

FHP（1988）投资现金流敏感性判别模型和Vogt（1994）现金流与投资机会交乘项判别模型存在一个共同的应用局限，即无法对某一公司个别年度的过度投资或投资不足进行具体的度量。为了解决这一问题，2006年Richardson提出了预期投资的残差度量模型[37]。这一模型依据投资机会、企业现金存量等多个影响企业投资规模的因素，通过多元回归模型的线性拟合，估计出企业的预期投资水平，同时利用实际投资水平与最优投资水平的差异，即回归模型的残差来判断和度量企业的投资过度和投资不足。

Richardson（2006）将投资分为维持现有状态的投资和新增投资，新增投资又分为与企业成长性、融资约束、行业和其他因素有关的预期投资和企业非正常投资，通过新增投资回归模型得出预期的最优投资，模型如公式（2.3）所示：

$$Inv_{i,t}=\alpha_0+\alpha_1 Growth_{i,t-1}+\alpha_2 Lev_{i,t-1}+\alpha_3 Cash_{i,t-1}+\alpha_4 Age_{i,t-1}+\alpha_5 Size_{i,t-1}+\alpha_6 Ret_{i,t-1}+\alpha_7 Inv_{i,t-1}+\sum Ind+\sum Year+\varepsilon_{i,t} \quad (2.3)$$

其中：$Inv_{i,t}$表示企业当期扣除维持性投资后的净投资；$Growth_{i,t-1}$为滞后一期的企业投资机会，用企业价值除以权益市场价值来表示；$Lev_{i,t-1}$，$Cash_{i,t-1}$，$Age_{i,t-1}$，$Size_{i,t-1}$，$Ret_{i,t-1}$分别为滞后一期的资产负债率、现金存量、企业年限、企业规模和个股收益率；$Inv_{i,t-1}$为滞后一期的因变量。对模型（2.3）进行回归分析，残差小于零表示投资不足，投资不足程度用残差的绝对值表示，残差大于零表示投资过度。

Richardson（2006）模型也存在一定的缺陷，即模型回归得到的并非企业最优投资水平，而是预期投资水平。导致这一缺陷的主要原因是最优投资规模由企业投资机会所决定，其前提为不存在代理成本和信息完全对称的情况，在现实中无法满足这样的条件，因此最优投资规模仅是理论上存在，在现实中很难计量出来。此外，残差模型中也引入了其他因素，这会使求得的预期投资水平偏离最优投资规模。尽管如此，Richardson（2006）模型还是能对投资过度或投资不足的程度进行度量，应用范围明显更加广泛。国内学者梅丹（2009）[38]、王彦超（2009）[39]在对模型进行了适当改进的基础上应用了这种度量方法，刘娥平和关静怡（2016）[40]、袁建国等（2017）[41]、王克敏等（2017）[42]、张新民等（2017）[43]在相关研究中也应用该模型对企业非效率投资进行了度量。

2.1.3 非效率投资成因

非效率投资的成因比较复杂，国内外学者的研究多集中于信息不对称、融资约束及代理冲突等方面，此部分文献围绕这些内容展开，其中代理冲突仅详细阐述第二类代理即大小股东间代理冲突、第三类代理即股东与债权人间代理冲突对非效率投资的影响，第一类代理即股东与管理者间的代理冲突对非效率投资的影响在下一节进行详细阐述。

（1）信息不对称与非效率投资

信息不对称指交易中的各方拥有的信息不同。事前信息不对称会引发逆向选择，事后信息不对称则会引发道德风险，都会影响企业资源的最优配置，导致企业的非效率投资。

当公司为某一项目进行股权融资时，市场中的潜在投资者由于信息不对称只能基于证券市场做出的平均评价进行决策，因此股票市场中公司的股价或被高估或被低估。Myers和Majluf（1984）分析了信息不对称理论中的融资逆向选择对企业投资行为的影响，由于经营者与潜在投资者之间信息不对称导致市场的逆向选择，公司股价被低估，经营者为投资而发行股票可能会给企业带来投资预期收益无法补偿的损失，此时经营者会放弃净现值大于零的投资项目，引发企业投资不足[14]。Narayanan（1988）认为，由于信息不对称，一方面，如果企业股价被高估，即使投资项目净现值较低甚至小于零，投资损失也能在股票发行的高估收益中得到弥补；另一方面，潜在投资者始终处于信息劣势，不能识别和监督企业实施的净现值小于零的项目，从而出现企业过度投资的现象[44]。

Hubbard（1998）实证检验了信息不对称对企业投资的作用，得出企业投资水平和内部现金流之间正相关，信息不对称越严重，投资对内部现金流敏感性越强的研究结论[45]。冯巍（1999）以我国沪深制造业上市公司为样本进行实证研究，发现信息不对称导致了低股利支付和不受政府支持企业的投资现金流敏感[46]。钟马和徐光华（2017）运用2010—2013年企业数据研究发现强制性的社会责任信息披露可以缓解信息不对称，进而对提升投资效率具有积极的作用[47]。

（2）融资约束与非效率投资

由于信息不对称的存在，使得企业外部投资者和债权人都会提高风险溢价，进而导致不同融资方式下的融资成本不同，当企业投资从外部获取所需的资金受到限制进而对企业投资产生影响，则表明企业投资不足由信息不对称引发的融资约束所导致。

FHP（1988）以留存收益率作为融资约束的替代变量，应用美国制造业企业数据进行实证分析，发现面临较强融资约束的公司其投资现金流敏感性也越强[28]，但Kaplan和Zingales（1997）却得出相反的结论，有学者认为两种研究结论的不同是融资约束变量选取的结果[48]。魏锋和刘星（2004）用多元判别分析度量融资约束，发现我国上市公司融资约束与公司投资现金流敏感性之间呈显著正相关[49]。Heitor（2007）则将投资现金流敏感性具体划分为有形资产的现金流敏感性和无形资产的现金流敏感性，研究发现融资约束与前者具有较强的相关性，但与后者并无相关性[50]。张莉芳（2013）引入投资机会集合产品市场竞争的概念，分析融资约束、高额现金持有与投资效率之间的关系[51]。实证结果发现：融资受到约束的公司其现金持有率高，在高额现金持有下，融资约束越弱的公司现金持有量越多，过度投资的可能性越大。张悦玫、张芳和李延喜（2017）研究发现融资约束可以抑制过度投资但会加剧投资不足，融资约束与会计稳健性协同抑制了投资不足[52]。

（3）大小股东代理关系与非效率投资

在解决第一类代理问题即股东和管理者之间代理问题时，中小股东往往出现“搭便车”的行为，不愿参与公司治理，此时监督管理者的责任就要依靠大股东来实现和完成。但大股东的存在在解决了第一类代理问题的同时，又不可避免地带来了第二类代理问题，即大股东与中小股东之间的代理问题。由于企业控制权与现金流权的两权偏离，大股东为了追求私利而侵害中小股东利益，同样大股东为了追求私利也会导致企业非效率投资。

John 和 Nachman（1985）研究表明，大股东可能将自由现金流用于谋取私利，企业投资后大股东能获取的正常收益如果小于大股东非投资下的私有收益，大股东就有可能放弃投资，导致投资不足[53]。Bebchuk、Kraakman 和 Triantis（2000）发现金字塔结构、交叉持股结构和类别股份结构三种形式都可实现现金流权和控制权的偏离，易形成大股东对中小股东利益的剥夺，具体表现为控制权转让、投资规模和投资项目的非效率选择[54]。Johnson（2000）等认为控股股东为谋求私利，在投资决策中有损害小股东利益的可能[55]。Holmen 和 Högfeldt（2004）研究证实了“隧道挖掘”现象的存在[56]。

郝颖、刘星和林朝南（2006）研究大股东控制权格局对资本配置的影响，发现上市公司资本配置在带来大股东控制权私有收益的同时，并未提高公司价值和股东控制权的共同收益，这样的资本配置行为更多是大股东的私利行为[57]。张栋（2009）构建两期静态模型研究终极控制人与企业投资间的影响关系，发现中小股东保护措施越缺失，“隧道挖掘”成本越小，企业在终极股东的控制下越易进行过度投资，终极控制人为国有性质的企业过度投资程度更为严重[58]。刘星和窦炜（2009）研究发现，大股东追求控制权私利会导致企业投资不足和过度投资两种非效率投资，大股东间的相互监督在缓解企业过度投资的同时却加强了企业的投资不足[59]。窦炜、刘星和安灵（2011）对大股东控制下的控制权配置与企业非效率投资的关系进行研究，发现大股东持股比例与过度投资负相关，与投资不足正相关，大股东合谋会加强企业过度投资，缓解投资不足[60]。杨清香和俞麟（2010）利用2006—2008年上市公司数据，实证检验了股权性质在控股股东两权偏离与非效率投资间的调节作用，发现控股股东两权偏离会导致企业非效率投资，当企业性质为民营时非效率投资表现为投资不足，而当企业性质为国有时非效率投资则更多表现为过度投资[61]。俞红海、徐龙炳和陈百助（2010）研究发现，控股股东的存在会导致公司过度投资，且过度投资行为随两权偏离度提高而加剧[62]。蔡珍红和冉戎（2011）以在控制权私利驱动下公司的非效率投资为研究对象，考察了增长期权对控股股东的非效率投资决策和公司价值的影响，并分析了产生影响的内在机理。研究表明，存在控股股东的公司会产生投资不足行为，但当公司拥有增长期权时，由于控股股东偏好控制权私利的可持续性，增长期权能够缓解投资不足，显示出增长期权的激励作用。同时，投资不足程度会随着增长因子的增大和控股股东所占股份增加得到更快、更明显的缓解，而且在此过程中公司价值将会上升[63]。窦炜、马莉莉和刘星（2016）采用双边随机前沿模型分析控制权配置模式下投资效率问题，发现上市公司投资效率损失的内在原因在于现金流权和控制权的两权偏离[64]。

（4）股东与债权人代理关系与非效率投资

根据国内外学者的研究，股东与债权人之间的代理冲突会导致企业产生资产替代和投资不足的行为，从而引发非效率投资。

Fama 和 Miller（1972）首次研究了股东与债权人间的代理冲突对投资决策的影响。股东与债权人对收益确定性的偏好不同，债权人一般偏好于收益较确定的项目，这样的项目经营风险相对较小，债权人收回本息的可能性较大，但是股东却偏好收益不确定性较大的项目[65]。

Jensen 和 Meckling（1976）发现股东与债权人之间的利益冲突会导致企业的过度投资与投资不足。当资本结构中负债水平较高时，股东和经理出于自身利益有强烈动机投资风险较大且收益较高的项目，资产替代行为造成投资过度[13]。而 Myers（1977）分析了负债对投资不足的影响，他将企业价值分为企业现有资产市场总价值和企业未来市场机会价值两部分。他认为企业的投资决策受负债状况的影响，如果企业负债水平已经很高，会面临更大的融资困难而放弃投资；或者某投资项目净现值大于零，但其所产生的预期收益却小于为本项目筹资的债务融资成本，即使投资成功，股东还要贴出一部分资金加上该投资项目的收益才能偿还债务，因此，股东与经理人将会放弃部分净现值为正的项目，不愿意为该项目投融资，企业会被动投资不足或主动投资不足[66]。Smith 和 Warner（1979）发现企业因资产替代效应而投资高风险的项目，损害了债权人的利益，而同时债权人会在股东这种机会主义行为下寻求更高的资本补偿，企业同样会面临更难的融资约束而放弃投资引发投资不足[67]。国内学者童盼和陆正飞（2005）发现负债比例与企业投资规模之间呈现负相关关系，且负债与投资行为的关系受投资项目风险的影响[68]。伍丽娜和陆正飞（2005）发现资产负债率与非效率投资正相关，且企业盈利状况越差越加剧企业非效率投资行为[69]。

此外，Ozkan（2000）研究长短期负债对非效率投资的影响，得出短期负债会强化企业非效率投资，长期负债则会缓解非效率投资[70]。朱磊（2008）研究转型时期负债类型和期限对企业投资效率的影响，发现高成长性的企业负债导致其投资不足，低成长性、高现金流量的企业负债导致其投资过度[71]。

2.2 管理者代理行为对非效率投资影响的相关研究

在现代企业中，所有权和经营权两权分离，由此产生了委托代理关系。在企业股东和管理者的委托代理关系中，股东是委托人，管理者是代理人。两者之间利益函数不同导致在企业投资决策中出现投资扭曲的现象。

2.2.1 管理者代理行为与非效率投资

Jensen 和 Meckling（1976）基于管理者与股东间的委托代理关系，首次发现管理者为了追求自身利益最大化，倾向于投资扩大公司规模甚至净现值小于零的项目[13]。Shin 和 Kim（2002）发现在股东与管理者代理关系下，管理者投资决策并不完全取决于项目本身的价值[72]。李维安和姜涛（2007）证实了我国上市公司过度投资引起的投资现金流敏感主要来源于代理问题[29]。吴应军（2016）利用上市家族企业的数据研究发现，存在管理者代理问题的企业投资效率更加低下[73]。

管理者出于自由现金流量、获取私有收益、人力资本声誉或职业安全偏好等多种个人利益的考虑而进行企业投资决策，这样的投资均会对股东利益造成侵害。

（1）自由现金流假说

Jensen（1986）将企业投资所有净现值大于零的项目后剩余的现金流定义为自由现金流，提出“自由现金流量”假说。认为管理者既会将过多的自由现金流用于净现值为负的项目投资从而引发过度投资，也会在自由现金流不足时放弃投资引发投资不足，管理者偏离股东利益的道德风险是最终导致非效率投资的重要原因之一[15]。Lamont（1997）证实了此假说[74]。Richardson（2006）在股东与管理者代理框架下建立模型，发现当企业自由现金流为正时，其中的20% 会被用于过度投资[37]。胡建平和干胜道（2007）借鉴 Richardson 预期投资模型，应用我国制造业上市公司 2006 年数据进行实证分析，同样发现有52.9% 的公司自由现金流量为正，在考虑了融资约束和成长机会的影响下，发现企业的过度投资与自由现金流量显著正相关，研究有力证实了代理理论对非效率投资的影响[75]。Wei（2008）等用亚洲金融危机前东亚 8 个新兴市场国家数据进行研究也支持了自由现金流过度投资假设[76]。张中华和王治（2006）研究内部现金流对企业投资行为的影响时发现，企业过度投资和投资不足均对现金流呈高度敏感性，国有控股企业过度投资行为更加显著[77]。Miller（1977）在股东和管理者代理冲突的框架下，研究了负债的调节作用。自由现金流增多，管理者会增加投资以扩大公司的规模，这种情况在负债增加时更加明显[78]。李伟和李艳鹤（2017）以交通运输业上市公司为对象，研究自由现金流量与非效率投资的关系以及内部控制在其中的抑制作用，发现自由现金流量短缺的公司倾向于发生投资不足行为，高质量内控可以抑制两者间的影响关系[79]。

（2）为获取私有收益

Stulz（1990）的研究证实了管理者会将所有剩余资金投资于一切可能获得的投资机会，从而谋求更多的在职消费[80]。Aggarwal 和 Samwick（2006）从企业投资行为与股东和管理者关系角度分析了投资效率问题，发现如果投资能给管理者带来个人利益，管理者倾向于过度投资；相反，如果投资以管理者私人成本为代价，则会出现投资不足的行为[81]。刘怀珍和欧阳令南（2004）研究了经理私利与企业投资行为间的关系，发现企业过度投资的决定因素是经理私利，经理的显性报酬与企业投资行为无关，只会影响经理的工作努力程度[82]。Grenadier 和 Wang（2005）研究发现，如果存在经理人私人成本，企业则更多表现出投资不足；如果存在经理人私有收益，企业更多地表现出过度投资[83]。

（3）为人力资本声誉

Williamson（1964）[84]和Jensen（1993）[85]研究认为，普遍情况下，企业业务规模扩大会给管理者带来更多的晋升机会。管理者会为争取晋升机会而扩大企业业务规模，从而导致企业的过度投资。Murphy（1985）认为，在所有权与经营权相互分离的背景下，管理者依据自身利益函数进行决策，为构建“企业帝国”以期获得更大的权力和更高的职位而过度投资[86]。Narayanan（1985）研究了管理者职业声誉对投资行为的影响，基于内部股东和外部环境对管理者声誉的评价，管理者投资决策目的在于能否对企业短期绩效有所提升，这会造成管理者的短视行为，偏好于投资回收期短的项目，即使更符合股东利益也会放弃投资回收期长的项目，导致非效率投资[87]。

（4）出于职业安全偏好

很多管理者特别是国有企业的管理者都具有职业安全的偏好，这些管理者因厌恶风险而放弃投资，不论该项目对股东而言是否具有价值。Holmstrom和Costa（1986）的研究就发现有职业安全偏好的管理者尤其不愿投资高风险的新项目[88]。Hirshleifer和Thakor（1992）发现具有风险厌恶特征的管理者会优先选择低风险低收益的项目，而不会选择高收益高风险的项目，从而导致投资不足[89]。Shleifer和Vishny（1997）指出，管理者在投资时会考虑投资是否可以降低被他人代替的风险，是否可以增加与股东谈判的筹码，因此管理者会投资有利于发挥其特有技能的项目，而不是股东收益最大的项目[90]。Baker（2000）研究发现，管理者有维护之前投资项目的倾向，因为撤出或清算之前的项目有投资决策错误的信号传递作用，为此，出于职业稳定的考虑，管理者的这一倾向会导致企业投资不足和投资过度[91]。

2.2.2 管理者代理行为治理

对于缓解代理问题，国内外学者从发债融资、盈余质量、独立董事特征、企业生命周期和政治关联等方面展开研究，结果表明对非效率投资问题均有一定的治理效果。

负债虽然会引起股东与债权人的代理而导致非效率投资，却能对股东管理者之间的代理问题起到一定的治理作用。Jensen（1986）[15] 和 Stulz（1990）[80] 研究发现随着企业负债的不断增加，债权人会对资金使用用途加以更加严格的限制和监管，要求企业定期还本付息，这样可以减少管理者控制的自由现金流，抑制管理者代理行为下的过度投资。Grossman 和 Hart（1982）研究发现企业负债越多，到期还本付息的压力就越大。管理者面临的监管和经营不善导致的破产风险也会越大，这会对其声誉产生影响，管理者会主动地减少投资过度行为 [92]。

黄欣然（2011）检验了管理层和大股东两类代理在会计信息改善投资效率过程中的中介作用，结果发现，盈余质量通过缓解大股东代理改善企业的过度投资，同时通过降低管理层代理抑制了企业的投资不足 [93]。陈运森和谢德仁（2011）应用社会网络方法分析独立董事在董事网络中的位置与投资效率的关系，研究发现，网络中心度与企业投资效率正相关，网络中心度高的独立董事对抑制投资过度和缓解投资不足具有显著作用 [94]。而李云鹤和李湛（2012）从企业生命周期的演变动态过程研究管理者代理行为与公司过度投资之间关系，并检验公司治理结构在其中的治理效果，得出企业生命周期下管理者代理行为的动态变化，及其对公司过度投资影响不断减弱的研究结论 [95]。陈晓芸和吴超鹏（2013）研究发现，高管的地区社会资本和政治关联可以有效抑制内部人现金流滥用引发的过度投资，也可以有效缓解信息不对称引发的投资不足，高管的地区社会资本和政治关联改善了投资效率，提高了公司价值 [96]。

2.3 管理者过度自信对非效率投资影响的相关研究

2.3.1 过度自信心理学证据

过度自信是人类最根深蒂固的心理特征之一，对行为主体决策产生重要的影响。大量的心理学和行为经济学的研究文献已经证明，大多数人特别是管理者普遍存在着过度自信倾向。

Langer（1975）认为过度自信是人们高估个人能力和与形势相关的一种

心理状态，即“高于平均效应”的估计，并且发现，CEO 仅关注项目预期收益，却低估了项目失败的风险，可以看出管理者在经营决策时表现出过度自信的心理特征 [97]。Miller（1975）发现人们总会高估自身的能力和知识，以及对成功的贡献 [98]。Russo 和 Schoemaker（1992）的研究也发现绝大多数管理者总是高估自身的经营能力和企业盈利能力 [99]。

Cooper、Woo 和 Dunkelberg（1988）在对 2994 个企业家实施调查后统计发现，68% 企业家都认为自己的投资决策优于其他企业的投资，81% 的企业家认为本企业存续的概率在 70% 以上，而实际上却有 75% 的企业在未来 5 年内破产或被并购 [100]。

Alicke 和 Klotz（1995）发现高层管理者比普通员工有更明显的过度自信特征 [101]。Gervais 和 Odean（2001）认为管理者特别是高级管理者因自利归因行为而产生过度自信心理特征 [102]。Moore 和 Kim（2003）发现作为决策者的管理者更容易过度自信，而强度也高于其他人。他们过度自信于自身的能力，过分信赖于自身的经验对投资决策信息的判断，事实上过度自信的管理者都会低估风险而高估收益 [103]。

2.3.2 管理者过度自信的度量方法

过度自信是一种心理认知偏差，产生这种偏差的原因在于对自身能力和知识面的了解程度不足，即对自身能力和知识面的判断总是高于实际，而事实却并非如此。

过度自信是人类心理上的特征之一，很难进行定量描述。因此自 Roll 开创性研究以来，管理者过度自信对企业投资的影响一直长期处于理论探讨阶段，这也是一直制约非理性行为理论发展的瓶颈和难点。20 世纪末开始，不断有学者尝试寻找一些变量对过度自信进行度量。近年来国内外学者在进行相关问题研究时，对过度自信的度量主要采用以下五种方法。

一是持股状况法。这种衡量方法由 Malmendier 和 Tate（2005）首次提出，他们认为企业管理者掌握特有的企业信息，理性管理者会把握良好的行权机会减持公司股权，而此时管理者推迟股票期权的行权时间甚至增持公司股票，则认为管理者对公司持乐观的态度，管理者过度自信[104]。Glaser、Schäfers 和 Weber（2008）以高管买卖本公司股票交易的次数来衡量过度自信，一定期间内买入次数多于卖出次数，即为过度自信[105]。国内一些学者支持这种方法，并在使用中进行了改进。郝颖、刘星和林朝南（2005）认为管理者在三年内非由于红股和业绩股的原因而增持公司股票，即为管理者过度自信[106]。饶育蕾和王建新（2010）则认定在公司股价增幅小于大盘增幅时不减持公司股票的管理者具有过度自信的特征[107]。

二是消费者情绪指数和企业景气指数法。Oliver（2005）用消费者情绪指数来判断管理者过度自信，美国密歇根大学定期以电话访问的方式向消费者调查其对当前以及未来经济状况的预期，并编制出该指数[108]。我国学者余明桂、夏新平和邹振松（2006）则用类似的企业景气指数来衡量管理者过度自信。该指数由国家统计局每季度统计编制并发布，调查对象为企业管理者，按照其对企业当下及未来生产经营状况的预期，将指数界定在 200 以内，指数高于 100 说明管理者对经营发展乐观，企业处于景气状态；指数低于 100 则表明管理者对经营发展较悲观，企业处于不景气状态[109]。

三是媒体评价法。Malmendier 和 Tate（2008）通过《纽约时报》《商业周刊》等杂志中对 CEO 的报道，对“乐观”“谨慎”“保守”“自信”等同类词语进行统计，判断 CEO 过度自信与否[110]。Brown 和 Sarma（2007）也类似地使用媒体报道度量管理者过度自信[111]。

四是高管薪酬比例法。Hayward 和 Hambrick（1997）最先采用这种方法，他们发现管理者的薪酬比例越高，他的控制力越强，就越容易产生过度自信[112]，于是用 CEO 的薪酬与管理者中第二高薪酬的相对比例来衡量过度自信。姜付秀等（2009）借鉴此方法，选用“薪酬最高的前三名高管薪酬之和 / 所有高管的薪酬之和”来表示管理者过度自信，该值越高，说明管理者越过度自信[113]。

五是盈利预测偏差法。Lin、Hu 和 Chen（2005）首次将公司年度盈利预测超过实际盈利水平的企业管理者认定为过度自信的管理者[114]。Hribar 和 Yang（2006）发现过度自信管理者更容易高估盈利预测的水平[115]。目前

CSMAR 数据库统计显示，企业盈利预测有九种主要类型，将企业经营者给出的具体盈利预测类型与企业实际盈利进行比较，有四种情况可以界定为管理者过度自信：第一种情况，预测略减但实际利润却减少高于 50% ；第二种情况，预测续盈或扭亏但实际却仍为亏损；第三种情况，预测略增而实际利润却在减少；第四种情况，预测大增但实际利润增加幅度低于 50%。国内学者王霞、张敏和于富生（2008）[116] 借鉴使用过这种方法。姜付秀、张敏和陆正飞等（2009）[113] 及马润平等（2012）[117] 在应用中对盈利预测的条件进行了更严格的限定，将上市公司盈利预测信息披露的时间节点规定在距离会计报告期结束时间三周以上，如果时间短于三周以内，认为公司会更充分地根据实际情况而进行盈利预告，不算盈利预测，也不能用来度量过度自信。

2.3.3 管理者过度自信与非效率投资

关于管理者过度自信与非效率投资的研究，早期以 1986 年 Roll 的狂妄自大（Hubris）假说为起点，多运用数学模型从理论上阐述两者间的关系；自 2005 年开始，Malmendier 和 Tate 将研究方法引领到以实证研究为主的经验论证，更多学者展开了同类研究。

（1）早期以理论模型为主的研究

Roll（1986）的狂妄自大假说开创性地将管理者过度自信纳入行为金融的研究领域，他指出过度自信的管理者将会在并购活动中高估并购企业收益，并对目标公司支付过高的价格，导致过度的扩张并购行为 [18]。Heaton（2002）的研究是继 Roll 以后的又一新突破。他构建了投资异化两阶段模型，把现金流引入到过度自信和投资的模型中，进而诠释了三者的关系，验证了即便不存在代理问题和信息不对称，管理者过度自信依然会导致非效率投资。原因在于管理者过度自信会高估投资收益，故而投资于实际净现值为负的项目，引发过度投资；管理者过度自信也会认为公司股价被外部资本市场低估，此时外部融资资本成本偏高，故而拒绝外源融资不得不被动放弃应进行的投资，造成投资不足 [118]。Odean（1999）运用简易资本预算模型比较了理性管理者和过度自信管理者的投资决策行为，发现过度自信管理者较理性管理者会更早地进行投资活动[119]。汪德华和周晓燕（2007）借鉴了 Stein（2003）的代理模型，将企业非效率投资的“信息不对称和委托代理”的传统成因与“管理者过度自信心理特征”成因进行了比较，均给予了合理的解释并提出对应的政策建议[120]。叶蓓和袁建国（2007）从行为公司财务角度对企业投资行为进行了综述性研究，总结了管理者过度自信、从众心理和投资者情绪对投资决策影响的研究成果，对研究的主要贡献、关键问题、政策含义进行了比较系统的阐述，以利于更好地理解企业投资行为、提高投资效率、完善公司治理[121]。

（2）近期以实证方法为主的研究

2005 年 Malmendier 和 Tate 首次将实证研究方法带入这个研究领域，对管理者过度自信对非效率投资影响的实证研究起到了巨大的推动作用并做出了突出贡献。国内外学者针对管理者过度自信引发非效率投资、过度自信与投资现金流敏感性正相关的命题进行了大量的实证研究。Malmendier 和 Tate（2005）用持股状况法度量管理者过度自信，收集 1980—1994 年《福布斯》500 强企业的 CEO 期权执行和并购数据进行实证研究。结果发现，过度自信的 CEO 对投资现金流更敏感，因为他们高估了投资项目的未来收益，认为外部融资成本太高，即使在企业自由现金流不足时也不愿采用外源融资来投资，而当企业自由现金流充盈时，又会无规则地过度投资[104]。研究证实了 Heaton（2002）的结论。后来 Malmendier 和 Tate（2007）的另一篇研究利用美国主流媒体对公司管理者的评价作为管理者过度自信的衡量标准，实证研究结果与前一篇结论一致[122]。Malmendier 和 Tate（2008）发现相对于理性管理者，过度自信的管理者更倾向于多元化并购[110]。Lin、Hu 和 Chen（2005）采用企业盈利预测偏差法度量管理者过度自信，用中国台湾企业数据进行实证分析，发现公司面临的融资约束越强，管理者过度自信与投资现金流敏感性的正比例关系越强[114]。David、Graham 和 Harvey（2007）同样使用盈利预测偏差法度量管理者过度自信，研究表明公司财务总监越自信，投资自由现金流敏感度就越强[123]。Jiang、Stone 和 Sun 等（2011）也指出管理者过度自信与企业投资规模显著正相关[124]。Huang、Jiang 和 Liu 等（2011）采用盈利预测偏差法和高管薪酬比例法度量过度自信，发现政府控制型企业高管过度自信会导致投资现金流敏感性的显著提高[125]。

国内学者郝颖、刘星和林朝南（2005）借鉴了 Malmendier 和 Tate 的研究思路，首次选取我国上市公司数据进行实证研究。结果表明，在我国实施股权激励的上市公司中，大约有四分之一的管理者表现出过度自信；同适度自信的管理者相比，过度自信的管理者更倾向于过度投资，而且管理者的自信程度与公司投资自由现金流的敏感性呈正相关关系；投资现金流敏感性随股权融资数量的减少而上升；相较于国外的情况，在我国特有的股权安排和治理结构下，过度自信的管理者更可能引起低效率的投资行为[106]。姜付秀、张敏和陆正飞等（2009）采用盈利预测偏差与高管相对薪酬两种方法衡量管理者过度自信，从财务困境角度探讨了管理者过度自信和企业投资间的关系，实证结果表明，管理者过度自信与企业内部扩张和总体投资水平均显著正相关，企业现金流充沛时这种相关程度更明显，但过度自信与外部扩张的关系不显著，过度自信管理者实施的内部扩张战略增加了企业陷入财务困境的概率[113]。叶蓓和袁建国（2009）研究了道德风险背景下管理者过度自信对企业投资决策的影响，提出管理者过度自信与非效率投资呈非单调关系，但管理者过度自信与投资现金流敏感性正相关[126]。赵国宇（2016）运用 2012—2014 年上市公司数据进行实证研究，发现越是过度自信的公司高管越倾向于过度投资[127]。吴静和曹明明（2016）应用固定效应模型研究发现管理者过度自信与企业投资水平呈现显著正相关[128]。刘柏和王一博（2017）按照衡量方法不同将管理者过度自信分为结果表现型过度自信和影响因素型过度自信，在对非效率投资的比较研究中发现，结果表现型过度自信具有更高的投资倾向，并加剧了投资现金流敏感性[129]。Huang、Tan 和 Sulaeman 等（2017）通过构建新的模型同时分析管理者过度乐观和过度精确两个维度，研究发现表现过度精确的 CEO 较表现过度乐观的CEO 更可能通过并购扩大投资，但两者都有较高的发行债务的倾向[130]。

略有不同的实证研究检验了过度自信与融资现金流的敏感性关系，如王霞、张敏和于富生（2008）支持 Heaton 的理论分析，即管理者过度自信程度越高投资现金流敏感性越强，不同之处在于这篇文章中的现金流指的是融资活动现金流，而非普遍研究中的生产经营活动现金流，该文作者认为这与我国上市公司重筹资、轻使用的特征有关[116]。

随着实证研究的深入，有部分学者开始检验管理者团体与管理者个人、不同层级的管理者过度自信程度对非效率投资影响的差异。Glaser、Schäfers 和 Weber(2008）将管理者由单个CEO扩大到管理层，以德国企业数据为样本，实证研究结果表明，管理者过度自信与公司投资水平和投资现金流敏感度均呈正相关关系，研究还发现整个管理层的过度自信程度对投资效率的解释力比单个管理者过度自信的理解力更强[105]。叶蓓（2008）研究表明，管理层群体过度自信对投资行为的影响高于管理者个体对投资行为的影响[131]。肖峰雷、李延喜和栾庆伟（2011）检验了董事长、CEO、高层管理团队三个不同层次的过度自信与公司财务决策的关系，发现相对CEO和高层管理团队而言，董事长自信过度对非理性财务决策具有更强的解释力，对公司投融资、并购和股利分配决策均具有显著影响[132]。张敏、李延喜和冯宝军（2012）将管理者划分为董事长、总经理和其他高管人员三个层级，探讨了管理者层级差异、过度自信和公司投资决策三者之间的关系[133]。刘柏和梁超（2016）将企业管理者分为董事长、总经理两个层级，发现两个层级的管理者过度自信均与企业投资水平正相关，差异在于董事长过度自信降低了投资现金流敏感性，而总经理过度自信不改变投资现金流敏感性，二职合一时管理者过度自信对投资水平影响更加显著[134]。

2.3.4 管理者过度自信行为的约束

在管理者过度自信对企业非效率投资影响的研究基础上，部分学者也从产权性质、公司治理、政治关联、会计稳健性等角度出发，进一步深入研究了管理者过度自信对非效率投资影响中的调节作用。

（1）产权性质

梅世强和位豪强（2013）对比研究家族和非家族公司管理者过度自信对企业过度投资行为的影响，结果表明，家族上市公司的管理者比非家族上市公司的管理者更容易过度自信，且更易于做出过度投资的决策[135]。吴传清和郑开元（2017）研究不同产权性质下管理者过度自信对投资效率的影响，发现民营企业的管理者过度自信更易导致过度投资，国有企业管理者过度自信更易导致投资不足[136]。

（2）公司治理

马润平、李悦和杨英等（2012）研究管理者过度自信这一心理因素对公司过度投资行为的影响，并检验了公司内外部治理机制对它的抑制作用，研究表明，现有的公司治理机制并不能对这种非效率行为进行有效约束[117]。李婉丽、谢桂林和郝佳蕴（2014）以2007—2011年上市公司数据实证检验了公司治理在管理者过度自信与过度投资间的调节作用，发现较高的公司治理水平能缓解过度自信管理者的过度投资倾向，也会减弱过度自信与投资现金流敏感性间的关系[137]。

胡国柳和周德建（2012）对股权制衡、管理者过度自信与企业过度投资进行研究，探讨了股权制衡对管理者过度自信导致企业投资过度的治理效应，发现股权制衡度越高越能有效降低管理者过度自信引发的过度投资[138]。李建英、赵美凤和周欢欢（2017）探讨了不同现金流水平、股权制衡度及制衡股东性质对过度自信与过度投资间关系的影响，发现充足的现金流加剧了过度自信与过度投资间的关系，股权制衡在两者关系中能起到一定的治理作用，且股权制衡度越高治理效果越明显，非国有股东的制衡效果较国有股东好[139]。

王艳林和薛鲁（2014）以2007—2011年沪深A股4542家上市公司为研究对象，实证检验了在自由现金流不足和充足的两种情况下，董事会治理对管理者过度自信引发的投资不足和过度投资的影响，结论表明，在现金流充足的情况下，董事会规模和两职合一加剧了管理者过度自信下的过度投资；而独立董事比例则对管理者过度自信引发的非效率投资行为没有起到抑制作用，与企业自由现金流持有量无关[140]。陈夙和吴俊杰（2014）在管理者过度自信与非效率投资研究中综合了投资风险和融资风险，并分析董事会结构在两者间的调节效应。研究发现，管理者过度自信对企业投资风险和融资风险均有显著的影响，引发非效率投资行为，而董事会独立性在两者间有显著的反向调节作用，董事会规模调节作用不显著[141]。胡国柳和李少华（2013）选取沪深A股上市公司2006—2010年数据为样本，研究董事会勤勉在管理者过度自信对过度投资影响的治理作用，研究发现，管理者过度自信会引发过度投资，但董事会勤勉既与当年过度投资水平无显著相关性，也不能改善企业下一会计年度的过度投资水平，可见董事会勤勉对管理者过度自信所导致的过度投资没有显著治理作用，研究最后通过董事会非有效性对结论进行了解释[142]。饶育蕾和王建新（2010）研究认为CEO与董事长两职分离可以提高企业绩效，并能控制因CEO过度自信而引发的非效率投资行为[107]。李忠民和仇群（2010）不仅使用了实证的方法得出了过度自信的管理者更倾向于投资过度的结论，而且通过实例分析证实独立董事制度对过度投资有一定的抑制作用[143]。

（3）其他调节作用

胡国柳和周遂（2013）以上市公司2007—2010年数据为样本，并按产权性质对样本数据进行分组，研究管理者过度自信对过度投资的影响及会计稳健性的调节作用。研究发现，管理者过度自信导致企业过度投资，国有企业中这一现象较民营企业更为显著；在治理非效率投资方面，会计稳健性可以约束管理者的非理性行为，治理效果方面国有企业却弱于民营企业[144]。

胡国柳和周遂（2013）研究不同政治关联类型在管理者过度自信影响非效率投资中的调节作用，研究发现，企业政治关联背景越强越易引发管理者产生过度自信心理，企业因此可以缓解投资不足，但却加剧了过度投资[145]。

吴超鹏、吴世农和郑方镳（2008）通过研究发现管理者学习行为可以有效地控制管理者过度自信的心理偏差[146]。

国内外学者应用各国不同的数据，通过理论模型推导和实证研究的不同方法，依托管理者过度自信的不同计量方式均得出相似的结论，这也充分证明了管理者过度自信确实会对企业非效率投资产生重要的影响。

2.4 企业生命周期相关研究

2.4.1 企业生命周期的划分

生命周期是描述企业成长周期的战略管理理论，是企业战略、竞争环境和企业经营的综合结果。学者们最早关注和讨论的问题是企业是否存在生命周期，后来研究转向了企业生命周期如何划分的问题。Miller（1984）开创性地依据企业经营和组织特征将企业生命周期划分为初创期、成长期、成熟期、复兴期和衰退期五个阶段[21]。Adizes（1989）将企业生命周期划分为创业阶段和成熟衰退阶段，具体包括十个不同的时期[20]。我国学者陈佳贵（1995）区别于国外研究，从企业规模视角将企业生命周期划分为孕育期、求生存期、高速发展期、成熟期、衰退期和蜕变期，增加了蜕变期意味着企业并不一定以衰退期为生命周期的终点，也可能实现蜕变开始新的生命周期的循环[147]。

到目前为止，国内外学者对于企业生命周期的划分并无统一结论，但在各种分类模型中均包含了初创期、成长期、成熟期和衰退期，也都认同在生命周期不同阶段企业的组织特征和经营战略存在差异。

依据现有的文献，对企业生命周期的划分主要有以下三种方法：

（1）单指标分析法

用某一指标来划分生命周期。DeAngelo、DeAngelo 和 Stulz（2006）在研究股利支付问题时，使用留存收益率这一财务指标划分企业生命周期，理由是他认为企业经历不同的阶段面临的投资机会会逐渐减弱，而企业投资需要的资金更多依靠成本较低的内源融资，因此留存收益的多少可以作为企业生命周期划分的依据[148]。我国学者李业（2000）采用销售收入来确定企业生命周期[149]。姚益龙、赵慧和王亮（2009）通过观察三年销售收入趋势图的走势判断企业所处生命周期阶段[150]。

（2）综合指标评分法

鉴于某一指标判断生命周期的有效性，学者们开始利用多变量综合判定企业生命周期。Adizes（1989）则使用企业创新精神、企业整合、企业目标实现和企业行政四个指标对企业生命周期进行综合判断[20]。Anthony 和 Ramesh（1992）从财务的角度，运用企业年龄、资本支出率、股利支付率和销售增长率四个变量，采用综合评分法对企业所处生命周期阶段进行划分[151]。李云鹤和李湛（2012）结合我国企业实际情况，对 Anthony 的方法进行了调整，改用留存收益率代替股利支付率，并考虑了行业差异，综合产业经济学法和打分法对生命周期阶段进行划分[95]。曹崇延、任杰和许嵩春（2012）选取营业收入增长率、总资产增长率、企业年龄等八个指标构建了划分企业生命周期的综合指数，将生命周期划分为三个阶段[152]。

（3）现金流组合法

Dickinson（2011）根据现金流在企业生命周期不同阶段的变化情况，利用企业现金流量表中经营现金流量、投资现金流量和筹资现金流量的不同方向组合，将企业生命周期划分为五个阶段[153]。企业在初创期，必然要为发展而进行投资，因此投资现金流量为负；而投资回报需要一段期间，此阶段企业投资收益回流不足，因此经营现金流量也为负；在此阶段企业自有资金无法满足投资需求，外部融资使得企业筹资现金流量为正。进入成长期，企业依然需要筹集资金以把握更多的投资机会，企业经营获利能力也有所提升，因此企业筹资现金流量和经营现金流量均为正，而投资现金流量为负。企业在成熟期投资获得回报，获利能力最强，因此企业投资现金流量为负，而经营现金流量为正；经营中带来的稳定充足的收益使此阶段投资不再完全依赖于外部融资，因此，筹资现金流量为负。企业淘汰期的现金流组合方向并不确定。衰退期，一般企业面临不利局面，投资现金流量为正，经营现金流量为负，筹资现金流量方向难以确定。我国学者张俊瑞和李彬（2009）[154]，叶建芳、李丹蒙和唐捷（2010）[155]，于团叶、陈翩翩和宋小满（2012）在各自的研究中均采用现金流组合法对企业生命周期进行判别[156]。

综上所述，国内外学者尽管采用三种不同方法和各自依据的划分标准对企业生命周期进行划分，但生命周期四阶段论得到了很多学者的赞同和应用，即初创期、成长期、成熟期和衰退期。

2.4.2 企业生命周期与非效率投资

企业在生命周期不同阶段其生产经营、组织特征等方面存在着一定的差异，对企业非效率投资的影响也会呈现不同的特点。

国外基于动态思想研究企业并购和生命周期的文献已有体现。Ritter 和 Welch（2002）发现并购过程与企业生命周期有关[157]。Davis 和 Stout（1992）发现企业在衰退期由于“组织惰性”而不太可能发生并购活动[158]。Owen 和

Yawson（2010）发现处于成熟期的企业发生并购导致企业生命周期与主并企业留存收益显著正相关 [159]。但直接研究企业生命周期与投资效率的文献少见，Mueller（1972）用管理者行为解释了为什么企业会经历生命周期 [160]。Jawahar（2001）发现成长期的企业管理者会因职业防御而做出有损股东利益的投资行为 [161]。

国内学者直接研究企业生命周期与投资效率的文献也很少。李云鹤、李湛和唐松莲（2011）从企业生命周期动态发展角度研究上市公司资本配置效率问题，并检验公司治理机制在生命周期不同阶段的治理效果。研究发现，随着企业生命周期各阶段的发展，上市公司的过度投资呈现出先降后升的变化趋势，而投资不足并没有显著的变化。在非效率投资治理方面，过度投资组两职合一在成长阶段能显著抑制过度投资，而在投资不足组，成熟阶段两职合一反而会加剧投资不足 [162]。李云鹤和李湛（2012）引入企业生命周期因素，研究管理者代理行为与公司过度投资之间的动态关系，并检验公司治理机制的动态治理效果。研究发现，管理者代理行为随企业生命周期动态变强，但对过度投资的影响却不断减弱 [95]。曹崇延、任杰和符永健（2013）从企业生命周期角度对上市公司投资行为进行实证研究，比较成长期阶段，企业处于成熟期和衰退期时更易发生过度投资行为，其根本原因在于企业生命周期不同阶段可供支配的自由现金流存在差异 [163]。

之后也有一些国内学者依据企业生命周期理论动态研究企业非效率投资问题，但研究非效率投资的成因并非管理者行为，分别是内部控制质量（刘焱，2014[164]）、财务弹性（马春爱和韩新华，2014[165]）、公司债发行（黄伟麟和贺晋，2015[166]）、股利决策（罗琦和李辉，2015[167]）、高管真实业绩操控（赵玉明，2016[168]）、CEO 权力配置（王嘉歆、黄国良和高燕燕，2016[169]；谢佩洪和汪春霞，2017[170]）、网络位置特征（沙浩伟和曾勇，2016[171]）、异质性债务（魏群，2018[172]），他们均从不同的角度研究发现生命周期不同阶段企业非效率投资具有一定的差异性。

2.5 文献评述

从现有整理的文献来看，国内外学者就信息不对称、融资约束、委托代理冲突对企业非效率投资的影响进行了深入的研究，并在突破理性人假设的基础上发展了管理者过度自信对企业非效率投资的影响，近几年国内学者开始从企业生命周期动态角度阐释企业非效率投资的成因，这些文献都丰富了企业非效率投资的相关研究，也为后续研究提供了坚实的理论基础和数据经验。但就目前的文献来看，还存在一些有待深入研究的方向和空间。

第一，现有文献对非效率投资的研究或在理性人假设下进行，或在非理性假设下进行，涉及理性和非理性两种分析范式结合的研究鲜见。李云鹤和李湛（2011）侧重于检验现金流代理假说和管理者过度自信假说对投资现金流敏感性的解释[173]，李云鹤（2014）基于“现金流—成长机会”的框架对导致中国上市公司过度投资的理性与非理性两类范式进行了区分检验，但都没能将管理者代理行为与管理者过度自信纳入同一模型[174]。现有的文献未能将管理者代理行为和管理者过度自信在有限理性的现实情况下结合，探讨对企业非效率投资的综合影响。

第二，现有文献对非效率投资的研究更多基于静态分析。近年来一些学者开始关注从企业生命周期动态视角研究非效率投资，但仅局限于管理者代理行为在企业生命周期下的动态变化对非效率投资的影响（李云鹤和李湛，2012[95]），而对于管理者过度自信随企业生命周期的动态变化研究未见，基于这种动态变化对非效率投资影响的研究未见，未能对企业非效率投资的成因给出动态的解释。

第三，从现有文献可以发现，管理者过度自信指标的度量方法存在一定的研究局限，其对管理者过度自信的识别范围和有效性，在某种程度上阻碍了相关问题实证研究的发展。

通过对现有文献的梳理，本书依据心理学理论应用首次提出的自利归因度量法对管理者过度自信进行度量，将管理者代理行为和管理者过度自信相结合，从企业生命周期动态视角对企业非效率投资进行综合动态的研究。

第3章 | 相关概念和基础理论

第3章主要对本书研究中的核心概念进行界定，以更好地把握和理解研究内容。基础理论部分是本书研究的基础和前提，主要包括资本投资理论、委托代理理论、管家理论和行为金融理论。

3.1 概念界定

3.1.1 管理者

到目前为止，学者们关于管理者的界定标准还缺乏统一的认识，从首席执行官到管理层团队，学者们往往都是根据自身研究的需要对其进行定义。与传统企业制度相比，现代企业制度下公司制企业的产权安排表现为所有权与经营权两权分离。而管理者就应该是拥有经营权的代理人，本书从管理者行为角度研究其对企业非效率投资的影响，所界定的管理者应该是企业中战略决策和经营决策的主要制定者和执行者。因此，本书根据研究需要和我国实际情况并借鉴现有研究成果选取董事长、总经理和副总经理作为企业的管理者。

3.1.2 管理者行为

现代企业中，管理者掌握着公司资源配置权和决策权，管理者行为对公司的管理活动和经营活动都将产生巨大的影响，但所有者对他们行为的约束却因信息不对称而有限。

本书在对企业非效率投资问题进行研究时，依据企业管理者（代理人）与所有者（委托人）的利益关系是否一致，将管理者行为划分为两种不同类型：管理者代理行为和管理者过度自信，即管理者和所有者之间存在利益冲突时管理者行为具体表现为管理者代理行为，如果两者利益一致则管理者行为表现为管理者过度自信。

（1）管理者代理行为

管理者代理行为是基于 Ross（1973）的委托代理概念以及 Jenson 和 Meckling（1976）的代理成本理论提出的。Ross（1973）提出现代意义最早的委托代理概念："如果当事人双方，其中代理人一方代表委托人一方的利益行使某些决策权，则代理关系就随之产生。"[175]Jenson 和 Meckling（1976）的代理成本理论认为，在现代企业中，两权分离使得所有者和经营者信息不对称，且两者间存在利益冲突，致使代理问题出现[13]。管理者更多考虑自身利益最大化，扩大在职消费和权利，进行帝国大厦和管理防御的构建，从而损害股东利益，导致企业非效率投资。

根据传统委托代理理论，代理问题被分为三种：第一种代理是全体股东与管理者之间的代理；第二种代理是大股东与中小股东之间的代理；第三种代理是全体股东与债权人之间的代理。本书所界定的管理者代理行为专指管理者与全体股东之间的代理，即传统代理理论中的第一类代理问题。

（2）管理者过度自信

与管理者代理行为相对应的是管理者过度自信，管理者过度自信是管理者非理性行为中最具典型的现象。这种行为以管家理论为前提[176]，假设管理者与所有者利益一致，即管理者知道自己需要按照股东价值最大化的原则行事，完全从所有者利益出发进行投资决策和运营管理，此时导致非效率投资的主要原因并非是管理者为了追求个人利益，而是管理者由于自身的非理性，学习不够或经验不足，引起其心理认知偏差，最终不可避免地导致决策行为偏离理想预期。

"过度自信"一词来源于社会心理学文献，是指人们由于受到其自身信念、情绪、偏见及感知等主观因素的影响，从而导致过度相信自己的判断能力，高估自己成功概率和私人信息准确性的心理特征[177]。过度自信是决策者最基本的、最难以克服的系统性认知偏差。

3.1.3 企业生命周期

有关企业生命周期的研究最早见于1959年，Haire（1959）认为企业的发展符合生物学中的成长曲线，存在着初生期、成长期、成熟期和衰退期，提出可以用生命周期的观点来看待企业[19]。1989年美国管理学家Adizes在《企业生命周期》一书中率先全面系统阐述了企业生命周期理论，并将企业生命周期划分为十个生命周期阶段[20]。

企业生命周期理论将企业作为一个有机生命体，就像生物一样，企业也有一个出生、成长到消亡的过程，基于企业发展的一般规律和成长的过程，标准的企业生命周期通常会出现导入、成长、成熟、衰退等不同周期阶段。当然，事实的情况要微妙得多，由于不同企业的特殊性和市场不确定性等因素，每个企业并不都会完整经历四个阶段，而且四个阶段的顺序也有可能颠倒和重复。

研究企业生命周期理论的目的在于揭示处于不同生命周期阶段的企业具有不同的特点和问题，并试图找到与生命周期阶段相适应的组织结构、管理模式、发展战略、生产经营风险等特征，引导管理者根据企业生命周期发展规律调整并制定企业管理策略，实现企业可持续增长。

本书依据多数学者的研究将企业生命周期划分为初创期、成长期、成熟期和衰退期四个阶段。在实证研究中将借鉴Dickinson（2011）[153]的方法，根据现金流组合特征对生命周期进行划分。我国学者多选取上市公司数据进行实证研究，鉴于中国证监会对公司IPO上市的规范条件，有理由认为上市公司已度过初创期阶段，因此本书在理论分析和实证研究中将上市公司企业生命周期具体界定为成长期、成熟期和衰退期三个阶段。

3.1.4 非效率投资

广义投资是指投资者向特定对象进行货币或者实物投入并获得收益的经济

活动。投资的根本目的就是获得收益或实现资金的增值。投资按照对象不同，可以分为实物投资、资本投资和证券投资。

实物投资是为扩大内部生产规模奠定基础，即以实物或现金形式对企业进行固定资产、在建工程、工程物资、无形资产和其他长期资产的投资，通过企业生产经营获利；资本投资和证券投资则以并购或购买股票的方式间接地通过企业分配利润的方式获利，是企业对外的投资。

本书从微观层面对企业非效率投资问题进行研究，这里的投资专指实物投资。

根据MM提出的完美市场理论，企业只会投资净现值为正的项目，投资的有效性在于是否能够使该项投资活动的产出大于投入，最终实现股东回报最大化的目的。因此，只有充分利用企业内外部资源实现资本增值的投资活动才能被视为有效投资。但由于多种原因，企业的投资往往不以股东或企业价值最大化为原则，资源配置失效，投资偏离最优投资规模。

本书将“非效率投资”界定为：企业实际投资偏离依据投资决定因素估计的最佳投资规模的程度，包括投资不足和过度投资两种表现形式。企业实际投资未达到最佳投资规模表现为投资不足，企业超出最佳投资规模继续投资则表现为过度投资。无论是过度投资还是投资不足都会对股东价值带来减损，都不利于资本配置效率的发挥。

3.2 基础理论

3.2.1 资本投资理论

西方影响广泛的企业投资理论均以古典经济学为基础，依赖理性投资、信息对称和有效市场等诸多严格假设，分析解决企业是否应该投资、应何时投资和最佳投资额确定等基本问题。主要包括凯恩斯投资理论、加速投资理论、最优资本函数理论以及托宾Q理论等。

（1）凯恩斯投资理论

这一理论较早涉及投资效率，凯恩斯提出内部收益率的概念，他认为企业是否投资取决于资本实际利率和内部收益率的比较关系，如果实际利率大于某一投资的内部收益率，则投资不可行；相反，如果实际利率小于投资的内部收益率，则投资可行。实际利率的高低变化决定企业投资额的大小，这对于企业投资决策的分析具有重要的理论意义。凯恩斯投资理论仅从宏观角度考虑投资决策受实际利率的影响，而对投资的其他决定因素的描述较为空泛简单。

（2）加速投资理论

Clark（1917）首先提出了原始的投资加速模型，后来 Harold（1939）、Hicks（1950）、Chenery（1952）和 Koyck（1954）等人对模型进行了调整和完善，形成了西方宏观经济理论中具有革命性影响的加速投资理论。

加速投资理论认为企业最优资本存量仅决定于当期的预期产出水平，且两者之间保持固定比例关系，建立的投资—产出关系模型如公式（3.1）所示：

$$C^{*}=\alpha O_t \tag{3.1}$$

其中：C^{*} 表示最优资本存量；O_t 表示当期的预期产出水平；α 为加速系数，表示资本产出间的系数比。假设企业各期的实际资本存量都已调整为最优资本存量，则当期净投资可用公式（3.2）所示：

$$I_t=C_t-C_{t-1}=C_t^{*}-C^{*}_{t-1}=\alpha(O_t-O_{t-1}) \tag{3.2}$$

该模型成立有两个基本前提：第一，最优资本存量与预期产出之间比例关系固定；第二，每期资本存量总能够调整为最优投资存量的规模。实际上，这两个前提在企业投资实践中难以实现。首先，根据边际效益递减规律，α 这个加速系数不应为一常量，而应该是关于投资的函数，同时 α 固定也仅能表示某一特定类型的生产过程，不能代表企业其他类型的投资产出，企业应该同时存在多个不同的加速系数；其次，企业投资需要一定的时间，最优资本存量的调整也需要一个过程，模型中未考虑投入与产出间的时滞性，企业难以随时保持最优资本的规模。

Koyck（1954）提出弹性加速模型，修正了实际资本存量与最优资本存量相等的假设，模型如公式（3.3）所示：

$$I_t=C_t-C_{t-1}=\lambda(C_t^{*}-C_{t-1})=\alpha\lambda O_t-\lambda C_{t-1} \tag{3.3}$$

从而，企业资本存量如公式（3.4）所示：

$$C_t=\alpha\lambda O_t+(1-\lambda)C_{t-1} \tag{3.4}$$

其中：λ 为介于（0，1）之间的调整系数，用来表示资本存量的调整速度。如果采用滞后变量表示企业资本存量，其结果如公式（3.5）和公式（3.6）所示：

$$C_t=\alpha\,[\lambda O_t+\lambda(1-\lambda)O_{t-1}+\lambda(1-\lambda)^2 O_{t-2}] \tag{3.5}$$

$$C_t-C_{t-1}=\alpha\,[\lambda(O_t-O_{t-1})+\lambda(1-\lambda)(O_{t-1}-O_{t-2})+\lambda(1-\lambda)^2(O_{t-2}-O_{t-3})+\cdots] \tag{3.6}$$

弹性加速模型表明过去各期的企业实际产出水平和当期的预期产生水平综合决定了企业的资本存量或投资总量。模型体现了投资滞后的现实情况，但还存在两个主要缺点：一是加速原理成立以没有闲置资本为前提，实际上这样的情况比较少见；二是模型采用的简单几何滞后结构不能够反映实际投资行为的复杂性。

（3）最优资本函数理论

为解决加速投资理论的局限，美国经济学家 Jorgenson 在 20 世纪 60 年代初将新古典生产函数引入企业投资函数中，但他认为投资和劳动投入之间具有一定的可替代性，投资决策的重要条件之一是资本成本，除此之外，投资决策还应考虑产出水平和要素价格[178]。Jorgenson 运用连续时间动态最优模型以利润最大为目标，以新古典生产函数为约束条件，描述了企业的投资决策行为，并得到公司资源优化配置的动态最优资本函数，如公式（3.7）所示：

$$K_t^*=\alpha P_t Y_t/c_t \tag{3.7}$$

其中：K_t^* 表示最优资产存量；α 表示资产产出弹性；P_t 和 Y_t 分别表示产品价格和产出量；c_t 则表示资本成本；t 表示年份。从 Jorgenson 最优资本函数可以看出，最佳投资量与当期产品价格、产出量成正比，而与当期资本成本成反比。

最优资本函数理论认为，企业投资主要受产出和要素价格的影响。如果产品价格高于平均成本，会有新企业投资进入这一产品领域，原有企业也会投资扩大生产，这些新投资使产品供给增加，导致市场竞争条件下新的均衡价格下降，直到产品价格低于平均成本，投资将会减少或终止。

Jorgenson 对投资时滞进行分析，克服了加速投资理论中瞬时完成资本存量调整的假设，建立了相对全面的动态资本函数。但该模型的建立同样以如下四个假定为前提：第一，资本存量向最优资本水平调整的速度不会影响资本的价格；第二，劳动市场、产品市场和资本市场是完全竞争的；第三，变量实际值与期望值间的关系可以确定；第四，企业生产函数为新古典性质的生产函数。显然这些前提假设为众多学者提供了改进和完善新古典投资理论的方向，他们分别将规模收益、投资分布滞后过程和资本劳动替代率等因素引入其中，促进了投资理论的发展。

（4）托宾 Q（Tobin–Q）理论

针对 Jorgenson 新古典投资理论的局限，Tobin（1969）在研究货币政策传导效应时提出了著名的托宾 Q 理论[26]。Tobin 将 Q 定义为企业资产的金融市场价值除以该企业同期资本存量重置成本的比值。提供了企业每一项资产市场估值与重置成本的对比度，对该资产后续增量投资产生重要的决策参考作用。

当 Q 比值大于 1 时，资本市价估值高于重置成本，此时企业可以较少的成本投入换取较大的价值增量，企业投资有利；当 Q 比值小于 1 时，资产市场估值低于重置成本，企业不宜投资，或以并购低成本资产的方式减少企业投资支出；当 Q 比值等于 1 时，企业资本与投资成本实现动态平衡。

Tobin–Q 值与投资的关系可用公式（3.8）所示：

$$\frac{\Delta K}{K}=\varphi(Q-\overline{Q})+g \tag{3.8}$$

其中：$\frac{\Delta K}{k}$ 表示资本增长率；g 表示自然增长率；$\overline{Q}$ 表示均衡值；$\varphi(x)$ 是单调递增函数，满足一定的条件，如公式（3.9）所示：

$$\varphi(x)=\begin{cases}<0，当\ x<0, \\ =0，当\ x=0 \\ >0，当\ x>0\end{cases} \tag{3.9}$$

根据上面的条件，可以得到如下三点结论：

①当 $Q>\overline{Q}$ 时，$\varphi(Q-\overline{Q})>0$，从而 $\frac{\Delta K}{k}>g$，即投资的增长速度超过自然增长率 g；

②当 $Q=\overline{Q}$ 时，$\varphi(Q-\overline{Q})=0$，从而 $\frac{\Delta K}{k}=g$，即投资的增长速度等于自然增长率 g；

③当 $Q<\overline{Q}$ 时，$\varphi(Q-\overline{Q})<0$，从而 $\frac{\Delta K}{k}<g$，即投资的增长速度小于自然增长率 g。

托宾 Q 理论的突出贡献在于其在投资理论中引入了市场因素，用资本资产的市场价值代替了凯恩斯的预期收益现值。目前很多学者在使用 Richardson（2006）模型度量非效率投资时，都使用托宾 Q 代表企业的增长机会。托宾 Q 理论的局限性与其他经典理论一样，即基于完全资本市场的假设，而企业均面临着资本市场融资成本变动的现实情况，当然企业的代理问题以及管理者过度自信等因素的客观存在，都将对企业的投资行为和投资效率产生影响。

3.2.2 委托代理理论

20 世纪 60 年代末 70 年代初，一些经济学家不满 Aroow–Debreu 的企业“黑箱”理论，在深入研究企业内部信息不对称和激励问题时，提出并发展了委托代理理论。李维安和郝臣（2015）指出：“委托代理理论是制度经济学契约理论中最为主要且发展最快的分支之一，研究对象是委托代理关系，是指一个或多个行为主体根据一种明示或隐含的契约，指定、雇佣另一些行为主体为其服务，同时授予后者一定的决策权力，并根据后者提供的服务数量和质量对其支付相应的报酬过程中所形成的关系。”[179]

委托代理关系产生于两个主要原因：一是公司组织形式逐渐层级化形成分权结构。随着生产力的发展，专业化分工更加明确，资本所有者不能适应经营管理的复杂性，职业经理人借助知识、能力和精力形成人力资本专用性优势，可以接受委托代理经营企业。二是公司融资多元化。企业发展面临的资金需求使企业投资者由单一化向资本社会化转变，但多数的出资者在企业充当着小股东的角色，他们不愿也较少能够直接参与公司治理与经营管理，此时董事会提名聘任、受雇于股东的总经理及其团队才是企业经营决策的真正管理者。

根据现代企业理论，现代公司中两权分离，所有者通过签订契约的方式授予经营者代行其权力，这种契约关系就是委托代理关系，企业所有者为委托人，而企业的经营者则是代理人。不管是经济领域还是社会领域委托代理关系都普遍存在。

在企业委托代理关系中，所有者与经营者之间信息不对称。一般情况下，由于经营者是企业发展情况信息的“内部人”，深谙企业所有的信息，始终处于信息优势地位；而企业所有者作为委托人则完全把代理权交由经营者去经营管理，无法直接获得企业经营管理的相关信息，长期处于信息劣势地位，只能被动接受代理人的各种日常经营决策，这种结果是代理人的行为和外部随机因素共同形成的。

在企业委托代理关系中，所有者与经营者之间权利不对称。经营者拥有企业的剩余控制权，但企业的剩余索取权却属于所有者。现代企业理论认为企业是一系列契约的组合，而由于未来的不确定，契约双方不可能拥有全部的信息并保持绝对的理性，因此契约总是不完备的。Hart 和 Moore（1995）将控制权分为特定控制权和剩余控制权[180]。特定控制权是契约中明确规定的具体权力，由经理拥有；而企业中没有明确界定如何使用的权力，决定资产在最终契约所限定的特殊用途之外如何使用的权力为剩余控制权，由董事拥有。与剩余控制权对应的剩余索取权，是由所有现金流减去其他各种承诺支付后所剩净现金流的要求权，主要表现为收益分配优先序列上“最后的索取权”。股东以其出资为限承担有限责任，拥有法律意义上的终极所有权，也包括剩余索取权。这样公司的剩余索取权和剩余控制权并不对称统一。

在企业委托代理关系中，所有者与经营者的效用函数不对称。在“理性经济人”假设下，企业所有者追求利润最大和资本增值；企业的经营管理者并非企业的完全所有者，其努力工作可能会有两种结果，一种是可能承担全部的成本却仅能够获取少部分的利润，另一种是可能只需要承担少部分的成本，但能够获得额外消费所带来的全部好处，这导致代理人更喜欢追求额外消费带来的好处。所以，委托人与代理人的利益冲突导致代理人追求自身利益而违背股东的意愿，出现逆向选择和道德风险，从而损害股东的利益，追求最低利润约束下的销售规模最大化，以实现更高的薪酬、更多的在职消费和更宽裕的闲暇时间。

综上所述，由于所有者和经营者之间信息不对称、权利分配不对应和目标函数不一致，产生了委托代理问题。这就决定了委托人必然要对代理人建立并实施必要的激励与约束机制。当然，监督和约束代理人的行为会发生代理成本。代理成本最初是 Jensen 和 Meckling 于 1976 年提出，是指由于存在委托代理关系而使公司价值遭受的损失，具体分为监督成本、担保成本和剩余损失。监督成本指委托人激励和监督代理人的成本；担保成本指代理人为了取得委托人的信任，保证自己不会损害委托人的利益而做出承诺所花费的代价，也称为自我约束，例如，股东向债权人承诺在付清利息前不发放股利；剩余损失是相同条件下，代理人决策和委托人决策间的差异[13]。

因此，委托代理理论主要探讨信息不对称条件下的代理人激励问题，建立能使“剩余控制权”和“剩余索取权”最大程度匹配的激励机制，使委托代理关系下企业的各种代理成本达到最小。

3.2.3 管家理论

现代管家理论最早是由 Donaldson 和 Davis（1991）[181] 提出的，该理论以组织心理学和组织社会学为理论基础，对内在于委托代理理论和交易成本经济学中的机会主义假设提出了挑战，认为传统代理理论的最基本假设——“理性经济人”假设是片面的，即经营者并不都是理性的自利主义者和机会主义者。

现代管家理论在经济学假设中认为经营者是有限理性的，他们不仅仅会受到物质的激励，也会受工作的挑战性、权力的掌握情况、领导与员工对自身的期待等非物质因素所影响，即使他们知道自己并没有股权，可是他们可以通过雇佣关系、薪酬计划等将自己的责任与股东的利益、公司未来的发展紧密地联系起来。同时现代管家理论认为，经营者机会主义的假设过于狭隘，代理人可以将受托责任作为不同形式的一种激励，公司治理则是信托责任关系。在相互信任的基础上，管理者自律和忠诚使得管理者可以并愿意为所有者谋利益，两者利益保持一致。

与传统代理理论不同，在经营者的人性方面，现代管家理论更多是把管理者视为“社会人”，而非“经济人”。经营者的身份不再是一个简单的代理人，一个机会主义的偷懒者，出于利己的动机而做出不利于企业或股东的败德行为。经营者也会有另外一种角色，可以是公司合格的好管家，是区别于委托代理理论下拥有机会主义理性行为的代理人。他们会忠诚地履行企业和股东的受托责任，尽其所能将企业经营得更好，以实现企业发展战略和企业价值最大化的目标。他们工作的动因是对成就的需要，他们非常渴望自己的能力得以发挥，通过正确的投资决策和企业良好的经营业绩赢得外界同行和企业同事对他们的认可、尊重以及自我满足等非物质激励，精神与心理的需要是他们的主要追求，而非谋取私利。这样的经营者任职时间越长，越会将个人声望与企业发展捆绑在一起，对组织产生越高的认同程度，他们会确保公司的未来规划和发展，以及对企业的领导和控制，会勤勤恳恳地为企业效劳，为企业创造更大的利润空间。

与传统的代理理论不同，在公司治理方面，现代管家理论认为治理好公司的关键是对经营者进行更多的激励而不仅是约束和监督。完善的公司治理机制并不能仅通过监管来完成，现代管家理论强调要给予经营者最大程度的信任，通过制定合理有效的制度，营造良好的企业文化氛围和环境，通过一系列的放权行为，来转变经营者的思想和观念，培养经营者的忠诚意识，调动经营者的工作积极性，帮助经营者充分发挥其全部的经营才能，以便在激烈的市场竞争中使经营者可以发自内心地做出科学的、有利于公司和股东利益的决策，最终达到提高企业绩效的目的，实现财务管理的目标。

与传统的代理理论不同，在经营者激励方面，现代管家理论认为对于经营者的物质激励效果远没有非物质刺激有效。委托人和受托人只有建立了管家关系，才会取得最佳报酬。一旦经营者与所有者建立了信任、忠诚的管家关系，管理者会将自身利益与企业或股东的利益保持一致，与企业发展战略目标保持一致，他们会自愿以企业管家的身份对企业进行管理和运营，不会因为利己而损害股东或企业利益，此时过多强调物质激励反而会影响经营者对自身声誉、尊严和自我价值的追求，某种程度上会阻碍公司业绩的提升。

信息不对称理论和委托代理理论都是在“理性经济人”假设下发展起来的，这些理论认为管理者会因追求自身利益最大化而做出降低企业投资效率的决策，但现代管家理论则认为管理者与股东之间可以利益趋同，管理者不会发生道德风险和寻租行为，取而代之的是忠诚的意识和努力的工作，因此管理者不会主动地做出有损于企业价值的决策。那么，这是否意味着在现代管家理论框架下，经营者的投资决策都是科学、有效和正确的？如果管理者存在非理性行为，如过度自信的心理认知偏差，那么企业也将存在非效率的投资决策，且这种非效率投资会因经营者与所有者效用函数趋同不易被经营者接受，而给企业带来更大的负面影响。

3.2.4 行为金融理论

传统的投资理论和委托代理理论都是以“理性人”假设为基础的，完全理性假设下诞生的经典理论有助于对问题的分析，但这种假设与现实并不完全相符。在现实社会中，由于决策环境的复杂性及不确定性，决策者总会受到自身情绪认知的影响，无论投资者还是管理者都或多或少存在非理性行为。

20 世纪 80 年代，为了更加准确地探讨决策者心理或行为对金融活动的影响，行为金融理论出现了。该理论针对传统经济学中人的完全“理性”和市场的完全“有效”两个假设提出质疑，认为市场中“人”是“行为人”，不能完全理性也无法完全理性，因为人的行为偏好和心理活动等特征均会对其决策产生影响，导致其决策有效性出现偏差。行为金融理论并没有推翻新古典经济学的全部理论，而是对其严格的假设条件做出扩展性研究。2002 年，美国普林斯顿大学教授 Kahneman 获得了诺贝尔经济学奖，其对行为经济学的研究帮助行为金融学在投资研究领域确立了坚实的、不可或缺的地位。

Simon（1955）是“有限理性”概念的主要倡导者，他认为决策过程中决策者以自身所能达到的理性程度实现的是满意的决策而不是最优决策。由于时间和精力有限，人的“理性”应该是介于理性与非理性之间的有限理性。决策者在判断和分析问题时，更愿利用自己的直觉而非进行客观思考，这样决策必然受到认知偏差的影响，导致人的有限理性。同样受时间和精力的限制，决策者不可能掌握全部信息，也无法实现最优决策，这也使得决策者背离了“理性经济人”假设[182]。

行为金融理论按非理性假设主体可分为两种，即投资者非理性和管理者非理性。该理论对管理者非理性的解释是从人的心理因素出发，强调管理者将知识、意志、动机、情感、需求等非理性因素融入到了公司投融资等各种财务决策过程中。认为人是主观、复杂且难以预测的研究对象，在决策过程中，管理者因受到心智模式、逻辑思维能力等因素影响很难保持绝对的理性，最终对其决策行为的准确性产生一定的影响。管理者过度自信是放宽了“理性人”假设后，影响行为主体的最为稳固的心理特征之一，也是最为普遍的管理者非理性行为表现。

心理学家研究发现，过度自信的决策者会过分相信自己的内在能力，忽视外在客观因素，高估成功的概率，并把成功归因于自身的能力。过度自信具体可表现为能力自信和知识自信，管理者会高估自己的能力，也会认为自己掌握更多知识，实际上并非如此。

3.3 本章小结

本章重点是对全书研究的核心概念进行界定，并对相关理论进行梳理，构建研究问题的理论基础框架。将企业董事长、总经理和副总经理界定为管理者；根据现代企业制度中管理者与所有者间的利益关系将管理者行为进一步分为管理者代理行为和管理者过度自信，其中管理者代理行为产生于“理性经济人”假设下的委托代理理论，而管理者过度自信则产生于管理者非理性假设下的管家理论和行为金融理论；根据企业生命周期理论将研究对象企业的生命周期具体界定为成长期、成熟期和衰退期三个阶段；最后依据资本投资理论的发展将非效率投资界定为企业实际投资偏离最佳投资规模的程度，并在资本投资理论下研究管理者行为对非效率投资的影响。

第4章 管理者行为对企业非效率投资的动态影响机理分析

本章在论述管理者代理行为、管理者过度自信对企业非效率投资影响机理的基础上，重点对企业生命周期不同阶段管理者代理行为的变化和管理者过度自信的波动进行深入分析，在此基础上，对企业非效率投资的形成机理给出动态综合的解释。

4.1 管理者行为对企业非效率投资的影响

4.1.1 管理者代理行为对企业非效率投资的影响

Jensen 和 Meckling（1976）基于委托代理关系，认为非效率投资是管理者为谋求私利而做出损害股东及债权人利益的投资行为[13]。目前此类研究的解释主要有自由现金流、私有收益和管理者防御三种假说。

自由现金流假说认为管理者以追求自身利益最大化为目标，管理者有较强的扩张投资动机，因为即便投资低效带来损失也由股东承担，经理层无须支付成本或仅支付很低的成本，当企业内部自由现金流量过多时，管理者并不倾向于向股东分红输送利益，甚至倾向于投资在净现值为负的项目，从而导致过度投资；而当企业内部自由现金流不足时，即使投资项目净现值为正，管理者也会放弃，导致投资不足，自由现金流的规模成为导致非效率投资、引发偏离股东目标的管理者败德行为的外在条件（Jensen，1986[15]）。

私有收益假说认为管理者扩张企业规模，构建帝国大厦，这样管理者可以获得更多的升迁机会和更多的权力，掌握更多资源，增加在职消费等私有收益，因此，管理者会出于扩大规模的动机而过度投资。而投资项目对管理者来说既有私有收益也有私有成本，管理者在投资时会比较其私有收益和成本孰大孰小，而不以股东收益最大化的原则进行投资。当投资新项目或对原来项目进行改造时，管理者可能会因此加大监管责任，或为有效控制项目而付出更多的精力、时间，面对更大的压力，因此尽管投资项目净现值大于零，也会因为管理者私有收益小于成本而被放弃，从而导致投资不足（Aggarwal 和 Samwick，2003[81]；Grenadier 和 Wang，2005[83]；辛清泉、林斌和王彦超，2007[183]）。

管理者防御假说认为管理者具有职业安全偏好，管理者在投资时会考虑投资是否可以降低被他人代替的风险，是否可以增加与股东谈判的筹码，因此管理者会投资有利于发挥其特有技能的项目，而不是股东收益最大的项目。管理者在投资决策中可能会因厌恶风险而放弃对股东有价值的投资项目，从而引发投资不足，也可能更倾向于投资自己熟悉的不易被替代的项目，导致投资过度。此外，管理者基于股东和外界对其声誉的评价，可能造成投资短视行为。管理者投资决策目的在于能否对企业短期绩效有所提升，进而偏好于投资回收期短的项目，即使更符合股东利益也会放弃投资回收期长的项目，导致企业非效率投资。

因此，提出第一个研究假设。

假设一：H_1 管理者代理行为与企业非效率投资正相关。

4.1.2 管理者过度自信对企业非效率投资的影响

Roll（1986）开创性地将管理者过度自信纳入公司金融的研究领域，之后很多学者的研究都证实即使不存在信息不对称和代理冲突，管理者过度自信仍然会造成企业非效率投资。

管理者过度自信在投资行为中表现出两个重要特征：一是过度自信的管理者会高估企业未来的发展态势，自然认为企业股价被市场低估，在此条件下外部融资成本较高，即使出现好的投资项目，只要企业自由现金流不足，管理者也会放弃外部融资进而被动地放弃投资，从而引发投资不足；二是过度自信的管理者会高估投资项目的未来收益，其乐观的态度又会低估投资项目的风险，对投资项目的估计偏离实际水平。在采用净现值法对项目进行投资决策分析时，高估收益导致未来现金流增加，低估风险就意味着折现法中的折现率变低，两种估计都会导致投资项目的净现值被高估。这样原本净现值为负的项目却被过度自信的管理者预测为净现值大于零，从而在公司现金流满足投资需求时导致了企业过度投资。因此，提出第二个研究假设。

假设二：H_2 管理者过度自信与企业非效率投资正相关。

4.2 企业生命周期各阶段管理者行为的动态变化

掌握企业生命周期不同阶段的规律，可以使管理者根据生命周期阶段，结合内外部环境的变化，按照自身发展战略，谋划出最合适、最科学的投资策略。企业在生命周期不同阶段其生产经营、组织特征等方面存在着一定的差异，同样，在生命周期不同阶段，管理者与所有者间的委托代理关系、管理者代理行为和过度自信水平也会存在一定的差异和变化，这种差异和变化会对非效率投资产生不同的影响，因此，研究企业生命周期下管理者行为的动态变化，是对企业非效率投资形成机理动态解释的必要内容，也会为企业约束管理者行为提供重要的参考依据，进而保障企业科学地投资决策，使企业实现长足发展和持续繁荣。

4.2.1 企业生命周期各阶段管理者代理行为的动态变化

Miller（1984）指出企业在生命周期不同阶段投资者与管理者之间关系存在一定的差异[21]。

通常情况下，企业在初创期规模较小，组织形式单一，且不存在外部股权融资，创业者和所有者往往由一人担任，即便是合伙企业，在初创期所有者也都会在企业中担任管理者的职务，代理问题并不明显。

成长期，企业开始出现高速扩张的态势，生产运作开始专业化、职能化和规范化，企业的经营管理需要引入职业经理人，并将一部分权力由所有者转移给职业经理人；组织结构开始复杂，企业层级开始分化，两权分离导致委托代理关系产生，委托代理问题逐渐显现；企业开始谋划外部融资或公开上市，股权逐渐分散，这虽促进企业建立健全现代公司治理制度，但此阶段企业公司治理还需完善，对管理者的监督治理作用有限。

成熟期，企业组织结构和内部层级日益复杂，形成了专业化的管理层团队，但伴随着企业规模的不断扩大，企业管理层级越来越多，管理上出现大企业病的特征；企业股权进一步分散，一方面易出现股东“搭便车”的行为，在信息不对称的客观条件下，管理者缺乏有效的监督，呈现“内部人控制”的局面，另一方面企业控股股东与中小股东间的矛盾也会使对管理者的激励失效，股东与管理者之间的代理冲突加剧，委托代理问题因企业所有权进一步分散而逐渐加重；企业的产品成本低于行业平均水平，在市场中具有竞争优势和地位，各项投资进入回报期且收益显著，此时企业出现大量的现金回流，经营性现金流量为正，企业自由现金流不断积累并扩大，具有较强的内部筹资能力，面临的融资约束问题得到较大程度的缓解，管理层会利用信息不对称和大量的自由现金流为个人谋取私利，造成企业非效率投资。

衰退期，企业面临市场的严重萎缩，产品和服务的销售业绩持续下降，导致利润空间越来越小，企业融资困难且普遍缺乏创新意识，企业管理效率日益低下，制度繁多却行之无效，一些股东会退出企业，控股股东考虑被兼并收购，但可能遭到企业管理者的抵制，或者更加依赖管理者通过开发新产品等战略调整使企业重获新生，管理者会强化对企业的控制，更多基于自身职业防御的考虑，做出盲目的投资行为，同时降低企业被收购的概率。

综上所述，随着企业生命周期阶段的发展，管理者的代理行为呈现强化的趋势，其对企业非效率投资的影响程度也会因此而不同。

4.2.2 企业生命周期各阶段管理者过度自信的动态变化

Simon（1955）提出的有限理性理论认为人们在决策过程中并非完全理性，也不是完全非理性的，而是介于两者之间的一种有限理性状态，不同的管理者其行为处于一种不稳定的状态，其在决策时心理活动存在波动[182]。

19 世纪，美国心理学教授威廉·詹姆斯在其著作《心理学原理》中提出“表现原理”，认为人的思想并非是一成不变的，人的心理状态也不是完全一样的[22]。随着外界环境和时间的改变，不同的阶段面对不同的事物，人的心理和思想都会不断被添加进新的东西，一些观念甚至是观念中的某个细小分支随时在被改变着，思想和心理状态是断然不会完全相同的。美国著名心理学家、前美国心理学会主席菲利普·津巴多在 1971 年受聘担任斯坦福大学心理学教授，其著名的斯坦福监狱实验也验证了“表现”原理。过度自信本质是一种心理认知偏差，因此管理者过度自信具有一定的可变性。

Shefrin（2001）认为过度自信是一种因人们对知识和自身能力的了解程度不足而产生的偏差，对知识过度自信的人认为自己懂得、明白，对自身能力过度自信的人对自身的判断高于实际[184]。

所谓“认知”，是指一个人对某一事件的认识和看法，包括对过去事件的评价、对当前事件的解释以及对未来发生事件的预期[185]。具有过度自信心理偏差特征的人对知识、自身能力和对未来的预测都会表现出乐观和自信。依此可以找出影响过度自信心理偏差的两个因素：一是管理者过去积累的工作经历。人往往通过过去的经历和事件对自己的能力和知识进行评价。如果过去企业的某项投资正确并给企业带来价值增值，或者企业过去的经营绩效出现正向变动的结果，管理者普遍会认为这是自己能力和努力的结果，从而加强了管理者过度自信的心理偏差；即使企业过去投资失败并给企业带来了损失，或者企业的经营绩效出现了负向变动的结果，管理者也会普遍认为这是政策、市场和环境等外部条件作用的结果，从而最大可能地推卸责任，这同样也会加强管理者过度自信的心理偏差。依据心理学自利性归因理论，管理者对过去积累的工作经历普遍持利己的态度，因此过去的工作经历越多越易导致企业管理者过度自信。二是预测企业未来时依据的充分性和结果的确定性。投资项目可行性和企业业绩预测的依据是否充分，会为管理者提供一个心理预期的弹性空间，如果对投资项目的可行性或企业业绩预测依据不充分，判断结果模糊不确定，则管理者心理预期的弹性空间变大，极易表现出过度自信；而如果对投资项目的可行性或企业业绩预测依据较充分，判断结果较清晰，管理者心理预期的弹性空间会缩小，则不易产生过度自信。

吴超鹏、吴世农和郑方镳（2008）首次引入“行为学习理论”来研究管理者的学习行为能否有效地克服过度自信心理偏差，从而将探讨“管理者过度自信行为的负面影响”这一基础层面的问题，拓展到探讨“如何克服管理者过度自信行为”这一更深层面的问题上[146]。谢玲红（2011）依据行为学习理论，强调学习可以修正管理者过度自信心理，使管理者由非理性向理性演变[186]。因此，学习可以成为影响过度自信心理偏差的第三个因素。

企业生命周期不同阶段管理者过度自信程度是否存在差异？可以从过去经历、目前学习和未来预期三个影响管理者过度自信的因素入手进行分析。由于本书实证研究选取深沪主板上市公司为样本，而这些公司能够成功上市表明其在初创期阶段经营绩效良好，并满足中国证监会对公司 IPO 上市的规范条件，有理由理解上市公司已度过初创期。因此，以下仅就成长期、成熟期和衰退期三阶段管理者过度自信程度的变化进行分析。

从总体来看，企业生命周期中成长期、成熟期和衰退期每个阶段都会受前一阶段企业发展良好形势的影响，管理者过度自信水平呈递增变化；衰退期阶段较前两阶段，企业未来发展面临着更加严峻的形势和更大的风险，这样的环境会约束管理者非理性行为，管理者过度自信水平较前两阶段减弱；随着企业生命周期发展，管理者的学习环境日益成熟，学习机会和信息逐渐增加，管理者过度自信水平随之降低。

企业生命周期中成长期、成熟期和衰退期三阶段管理者过度自信程度的差异性具体表现为：

成长期阶段，企业所有权与经营权分离，引入职业经理人担任企业管理者，受初创期企业发展良好结果的影响，抑或两权分离导致引入新任管理者工作热情的影响，管理者易产生较强的自信心理；企业分工开始明细，组织内机构增加，对企业未来发展和转变具有更灵活的适应性，也使管理者易过度自信；与成熟期和衰退期比较，管理者在此阶段的学习环境不成熟，学习机会不多，同样会导致管理者过度自信。因此在企业成长期，三因素都会导致管理者过度自信，此阶段管理者过度自信程度最强。

成熟期阶段，企业经过了快速发展，产品和服务日趋成熟，市场稳定，组织完整性增强，这些成功的经历会给管理者带来更加强烈的心理偏差，过度自信程度加强；企业发展速度放缓，盈利能力呈下降趋势但仍较强，对企业未来发展和转变同样有一定的适应性；管理者学习环境较成长期完善，学习机会增多，对管理者过度自信有一定的抑制作用。因此在成熟期阶段，过去经历导致管理者过度自信增强，未来预期对管理者过度自信影响变化不明显，学习使管理者过度自信程度减弱。

衰退期阶段，企业出现退化现象，产品与市场脱节，管理问题凸显，管理者未来发展的控制力减弱，过去经历对自信心理偏差的影响减弱；尽管部分企业可以进行战略调整，重获新生，但大多数企业对未来发展和转变不再具有灵活的适应性，因此，管理者较以往会趋于理性，过度自信程度减弱。此阶段学习较以前阶段时间更长，环境最成熟，且衰退期的企业现状会迫使管理者强化学习以寻求企业未来出路，可见学习对管理者过度自信的修正作用也最强。因此在衰退期，过去经历并未有效增强管理者过度自信程度，未来预期和学习的共同作用却显著降低管理者过度自信程度，此阶段管理者过度自信程度最弱。

通过分析发现，随着企业生命周期阶段的发展，与管理者代理行为变化趋势相反，管理者过度自信程度在逐渐减弱。

依据上述分析，提出第三个假设。

假设三：H_3 企业生命周期不同阶段，管理者行为程度或水平存在显著性差异。

H_{3a} 管理者代理行为随企业生命周期阶段发展逐渐增强；

H_{3b} 管理者过度自信随企业生命周期阶段发展逐渐减弱。

4.3 企业生命周期各阶段管理者行为对企业非效率投资的影响

通过前文阐述，企业生命周期不同阶段，管理者代理行为和管理者过度自信水平都存在着动态变化，管理者行为对企业非效率投资的影响机理也不尽相同。从各阶段管理者行为比较的结果可以看出：

成长期，管理者代理行为较弱，但此时管理者过度自信程度最强。企业进入成长期通过 IPO 上市后并不存在自由现金流匮乏的情况，管理者更多由于过度自信而对投资项目给予乐观的预期，而导致企业非效率投资。

成熟期，尽管某一企业的管理者在行为模式上仅能表现为管理者理性代理行为或者是管理者非理性过度自信行为，但从市场整体来看，总会有一部分企业管理者表现出理性代理行为，而也会有一部分企业管理者表现出非理性过度自信行为。此阶段企业发展优势明显，盈利能力较强，能产生大量的自由现金流量，过度自信的管理者会基于项目投资的乐观预期导致企业非效率投资，而利己思想下管理者也会利用充足的自由现金流追求管理者私利导致企业非效率投资。

衰退期，管理者代理行为最为严重，而管理者过度自信程度有较明显的修正。此阶段企业状况恶化，管理层为摆脱企业困境，会进行多元化的投资战略，一方面满足管理者职业防御的需求，同时也可以有效地规避企业被兼并收购的风险；当然也不排除管理者面对企业发展困难，厌恶风险，增强惰性思想，从而引发投资不足。

可见，在企业生命周期不同阶段，管理者行为对企业非效率投资的影响存在着动态综合的变化，在不同阶段，管理者理性代理行为或是管理者非理性的过度自信都可能导致企业出现非效率投资。在企业生命周期不同阶段，管理者行为与非效率投资的关系可用图 4.1 表示。

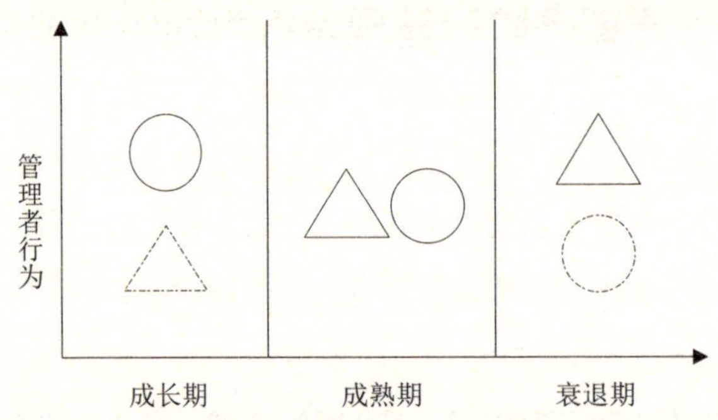

图 4.1　企业生命周期各阶段管理者行为和非效率投资关系图
Fig. 4.1 The relationship of managerial behavior and non-efficiency investment on the different stages of corporate cycle

图 4.1 中，横轴顺序表示企业生命周期中三个发展阶段，纵轴表示管理者行为程度的高低，圆圈表示管理者过度自信，三角形表示管理者代理行为。

得出管理者理性代理行为和非理性过度自信行为均可导致企业非效率投资的结论主要依据静态思想，并未考虑管理者行为程度或水平的动态变化。也就是说，这些分析只是为管理者行为导致企业非效率投资提供了一种理论上的假说。管理者行为波动能否达到导致企业非效率投资的程度，导致企业非效率投资的管理者行为是管理者代理行为还是管理者过度自信，还应取决另一个条件，那就是管理者代理行为程度和管理者过度自信水平的强弱。在企业生命周期的各阶段，只有管理者行为达到一定的程度或标准，才会对企业非效率投资产生影响，而如果管理者代理行为程度较低或管理者过度自信水平较弱，就不一定会导致企业的非效率投资。

基于此，图 4.1 在列示企业生命周期不同阶段管理者行为动态变化的同时，用实线表示管理者行为会导致企业非效率投资，虚线则表示管理者行为尚不能导致企业非效率投资。

并据此提出如下三个假设。

假设四: H_4 在成长期，企业非效率投资源于管理者过度自信；

假设五: H_5 在成熟期，企业非效率投资源于管理者代理行为和管理者过度自信；

假设六: H_6 在衰退期，企业非效率投资源于管理者代理行为。

4.4 本章小结

本章重点从理论上分析了管理者行为对企业非效率投资的影响机理。首先，分析了管理者代理行为、管理者过度自信对企业非效率投资的独立影响机理；其次，在企业生命周期的不同阶段，依据企业组织结构、内部层级和股权融资的不同特点，研究了管理者代理行为的波动变化，依据过去经历、目前学习和未来预期三个影响因素探讨了管理者过度自信的动态变化；最后，综合管理者理性假设和非理性假设两种范式，结合企业生命周期不同阶段管理者代理行为程度和管理者过度自信水平的强弱，揭示出企业非效率投资动态综合的形成机理，为后续实证研究提出的研究假设提供重要的理论依据。

第5章 实证研究设计

本章在理论分析的基础上，对实证研究进行设计。包括总结研究假设、选取和度量变量、构建检验模型、确定样本和数据来源。

5.1 研究假设

根据第 4 章的理论阐述和第 2 章相关文献的梳理，管理者代理行为程度决定管理者出于自由现金流假说、私有收益假说和管理者防御假说等原因引发企业非效率投资，而管理者过度自信水平决定管理者或高估投资项目的预期或认为股票价值被市场低估引发企业非效率投资。管理者两种行为随企业生命周期阶段的发展产生波动变化，进而导致企业生命周期不同阶段的非效率投资成因存在一定的差异性。

因此，本书提出如下六个研究假设：

假设一：H_1 管理者代理行为与企业非效率投资正相关。

假设二：H_2 管理者过度自信与企业非效率投资正相关。

假设三：H_3 企业生命周期不同阶段，管理者行为程度或水平存在显著性差异。

H_{3a} 管理者代理行为随企业生命周期阶段发展逐渐增强；

H_{3b} 管理者过度自信随企业生命周期阶段发展逐渐减弱。

假设四：H_4 在成长期，企业非效率投资源于管理者过度自信。

假设五：H_5 在成熟期，企业非效率投资源于管理者代理行为和管理者过度自信。

假设六：H_6 在衰退期，企业非效率投资源于管理者代理行为。

假设反映出企业非效率投资成因的关系，如图 5.1 所示。

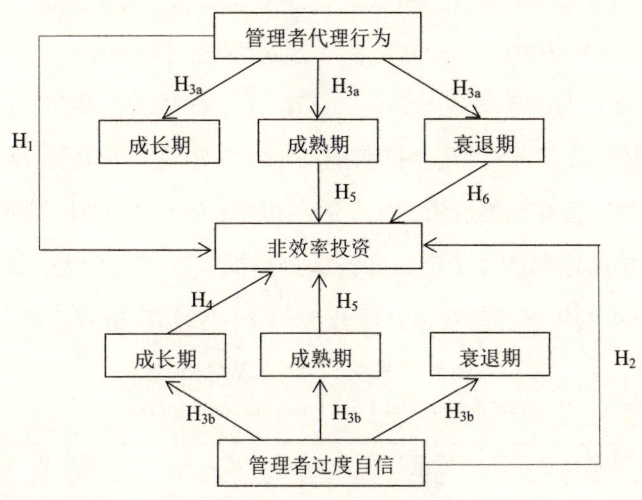

图 5.1　研究假设关系图
Fig. 5.1 The content of research hypothesis relation diagram

5.2　变量选取

本书研究企业生命周期不同阶段管理者代理行为和管理者过度自信对企业非效率投资的影响。因此，企业非效率投资为被解释变量，管理者代理行为和管理者过度自信为解释变量。在实证研究中还需要对企业的生命周期阶段进行划分界定，出于管理者行为与非效率投资间可能存在内生性问题的考虑，还需要选取工具变量以进行两阶段最小乘法回归，此外，在研究中还需要控制其他对企业非效率投资产生影响的变量。下文将对这些变量的选取和度量进行说明。

5.2.1 非效率投资的度量

本书借鉴 Richardson（2006）[37] 的研究，采用模型（5.1）对选取公司数据进行回归，用回归模型的残差度量非效率投资。模型（5.1）如下所示：

$$Inv_{i,t}=\alpha_0+\alpha_1 Growth_{i,t-1}+\alpha_2 Lev_{i,t-1}+\alpha_3 Cash_{i,t-1}+\alpha_4 Age_{i,t-1}+\alpha_5 Size_{i,t-1}+\alpha_6 Ret_{i,t-1}+\alpha_7 Inv_{i,t-1}+\sum Ind+\sum Year+\varepsilon_{i,t} \quad (5.1)$$

模型中，*Inv* 为当年新增投资支出；*Growth* 为成长机会，用托宾 Q 表示；*Lev* 为资产负债率；*Cash* 为现金持有量；*Age* 为公司上市年限；*Size* 为公司规模；*Ret* 为考虑现金红利再投资的年个股回报率；*Ind* 为行业控制变量，按中国证监会 2012 年新颁布的《上市公司行业分类指引》进行分类，制造业取二位代码分类；*Year* 为年份控制变量。模型（5.1）中变量度量方法如表 5.1 所示。

表 5.1 模型（5.1）变量说明

Tab. 5.1 Model（5.1）variable descriptions

项目	变量符号	变量名称	变量定义
被解释变量	*Inv*	当年新增投资支出	（购建固定资产、无形资产和其他长期资产支付的现金 - 处置固定资产、无形资产和其他长期资产收回的现金净额）/ 期初总资产
解释变量	*Growth*	成长机会托宾 Q	（股权市值 + 净债权市值）/ 期末资产，其中的非流通股市值用净资产替代
	Lev	资产负债率	负债总额 / 资产总额
	Cash	现金持有量	货币资金 / 期初总资产
	Age	上市年限	观测年度 -IPO 年度
	Size	公司规模	总资产的自然对数
	Ret	股票收益率	考虑现金红利再投资的年个股回报率
	In_{vt-1}	上期投资额	上年新增投资支出
	Industry	行业变量	按中国证监会 2012 颁布的《上市公司行业分类指引》进行分类
	Year	年度变量	构建 3 个虚拟变量表示 2012—2015 年

非效率投资（Ine_Inv）用模型（5.1）回归估计的残差来表示，残差为正表示投资过度，残差为负表示投资不足，使用时都用绝对值进行计量。

在企业非效率投资的实际度量中，选取2012—2015年深沪A股上市公司数据，剔除金融行业公司、发布风险提示的公司和存在异常值的公司，最终确定数据样本为4年7350家公司观测值。运用最小二乘法（OLS）进行回归分析，回归结果如表5.2—表5.4所示。

表5.2 非效率投资回归模型汇总表

Tab. 5.2 Summary sheet of regression model of non-efficiency investment

Model	R	R Square	Adjusted R Square	Std. Error of the Estimate
1	0.503	0.253	0.251	0.0355

注：Dependent Variable: Inv

表5.3 非效率投资方差分析表

Tab. 5.3 Analysis of variance table of non-efficiency investment

Model	Sum of Squares	df	Mean Square	F	Sig.
Regression	3.131	26	0.120	95.520	0.000
Residual	9.231	7323	0.001		
Total	12.362	7349			

注：Dependent Variable: Inv

表5.4 非效率投资回归方程系数表

Tab. 5.4 Coefficients tables of regression equation of non-efficiency investment

Model	Unstandardized Coefficients		Standardized Coefficients	t	Sig.	Collinearity Statistics	
	B	Std. Error	Beta			Tolerance	VIF
(*Constant*)	0.030	0.011		2.660	0.008		
Growth	0.001	0.000	0.030	2.119	0.034	0.514	1.947
Lev	−0.006	0.003	−0.031	−2.084	0.037	0.462	2.163
Cash	0.007	0.003	0.028	2.116	0.034	0.590	1.695
Age	0.000	0.000	−0.097	−7.745	0.000	0.645	1.551
Size	0.000	0.000	−0.026	−2.092	0.036	0.648	1.542
Ret	0.003	0.001	0.028	2.066	0.039	0.539	1.854
Inv_{t-1}	0.298	0.008	0.414	37.608	0.000	0.839	1.191

注：Dependent Variable: Inv

从表5.2中可以看出，调整R^2为25.1%，模型拟合程度尚可；表5.3中显示 F 值为 95.520，Sig. 值小于 0.01，说明模型（5.1）回归方程总体成立；表 5.4 中各变量方差膨胀因子 VIF 值均在 2.5 以下，说明变量间不存在共线性问题，影响当年企业新增投资支出的各因素均通过 0.05 的显著性检验，所以可以用方程残差度量企业的非效率投资，为下面的模型检验提供被解释变量的数据。

对模型中的残差即企业的非效率投资做基本统计分析，结果如表 5.5 所示。

表 5.5　上市公司非效率投资情况统计表

Tab. 5.5 Statistics table of public company' s non-efficiency investment

年度	非效率投资	企业数量	最大值	最小值	均值
2012	投资过度	613	5.671	0.002	0.939
	投资不足	918	3.281	0.002	0.627
2013	投资过度	626	6.202	0.002	1.083
	投资不足	1258	2.848	0.001	0.539
2014	投资过度	665	5.980	0.000	0.964
	投资不足	1308	3.242	0.002	0.490
2015	投资过度	679	5.782	0.001	0.823
	投资不足	1283	3.084	0.000	0.436

通过表 5.5 中 2012—2015 年数据比较分析，可以看出各年投资不足的上市公司数量明显多于过度投资的上市公司数量，但上市公司过度投资的平均程度却远大于投资不足的平均程度。可见，我国企业投资不足现象普遍，但程度上没有过度投资明显，过度投资问题严重。比较各年数据还可以发现，非效率投资的企业数量在增加，这或与样本选取和资本市场上市公司数量增加有关，而企业非效率投资的平均程度都有一定的下降，四年间，投资不足程度由 0.627 到 0.436 逐年递减，过度投资程度除 2013 年最高为 1.083，其余各年也有下降趋势，到 2015 年已降低到 0.823。

5.2.2　管理者代理行为的度量

代理成本最初是 Jensen 和 Meckling 于 1976 年提出，是指由于存在委托代理关系而使公司价值遭受的损失，具体分为监督成本、担保成本和剩余损失[13]。但在实证研究中由于对代理成本无法直接度量，一般采用替代变量。本书借鉴李云鹤和李湛（2012）[95]、宋力和韩亮亮（2005）[187]等国内大多学者的做法，选用管理费用率（Expense）和资产周转率（Turnover）度量管理者代理行为。管理费用是行政管理部门为组织和管理生产经营活动而发生的各种费用，包括管理人员的工资、业务招待费、办公费、差旅费等，管理费用率能够从投入角度较好地度量管理者在职消费等不当开支的代理成本。资产周转率是衡量企业经营效率的指标，可以从产出角度度量管理者的总体代理成本。为了检验实证结果和研究结论的稳定性，选取资产周转率作为管理费用率的替代指标进行稳健性检验。

管理费用率和资产周转率的计算分别如公式（5.2）和公式（5.3）所示：

$$\text{管理费用率} = \text{管理费用} / \text{主营业务收入} \tag{5.2}$$

$$\text{资产周转率} = \text{主营业务收入} / \text{总资产} \tag{5.3}$$

5.2.3 管理者过度自信的度量

在行为金融理论中，管理者过度自信的度量一直是制约其实证研究发展的主要原因和难题。本书在对现有管理者过度自信度量方法比较的基础上，首次提出基于心理学自利归因理论的度量方法——自利归因度量法。

（1）现有度量方法的比较

本书对目前国内外学者使用的管理者过度自信主要度量方法在文献综述章节已有介绍，这里不再赘述。但这些方法在使用中都存在一定的局限性。如我国股权激励实施条件不完备，实施股权激励范围有限，持股状况法并不适用；媒体评价法和消费者情绪指数法因没有机构进行调查和统计不适合在我国应用；国家统计局每季度发布的企业景气指数是按行业进行调查统计的，难以表现管理者对自身能力认识的个体差异，有效性略差；高管相对薪酬法虽能扩大度量范围，但我国经理人市场还不成熟，企业高管薪酬差异较大，国家对高管特别是国有企业高管的薪酬做出政策性的限制，高管薪酬作为股东给予管理者的待遇和激励工具，无法有效反映管理者自身的过度自信水平；在现有的度量方法中，盈利预测偏差法对管理者过度自信的度量具有一定的可靠性，因为高管对企业盈利水平的预测正是管理者对自身能力判断行为的结果化。姜付秀等（2009）[113] 及马润平（2012）[117] 在具体使用该方法时，界定了企业披露的预测信息是“盈利预测”还是“盈利预告”，认为企业在报告期结束的前三周时间内，管理者基本可以掌握企业盈利的实际水平，此时的盈利预测只能是“盈利预告”，不能反映管理者过度自信。只有在报告期结束三周以前的盈利预测才是真正的“盈利预测”，才可以用来度量管理者过度自信水平，尽管这种考虑是合理的，但在实证研究中却剔除了大量的样本，导致度量的范围非常有限。

比较各种度量方法可以看出目前过度自信的替代指标普遍存在以下两个主要问题：第一，测量变量的选择缺乏心理学理论依据，合理性和可信度有限。管理者的过度自信是一种心理行为偏差，这种偏差是一种潜变量，不能够直接度量，通过观察、分辨管理者的行为不失为一种可行方法，但这种方法必须要有充分的心理学理论依据，只有从心理学角度入手进行分析和度量才可能找到合理且可信度较高的测量变量。第二，测量变量识别过度自信范围有限，存在减少测量误差的空间。在近年的相关研究中，使用盈利预测偏差法对管理者过度自信的度量结果显示，存在过度自信的管理者一般都在样本总数的 15% 以下，每年最多仅有近 60 余家公司的管理者表现出过度自信，而使用股权状况法度量管理者是否过度自信时，其存在过度自信的样本最多也只有四分之一左右，这些结果与广泛存在的管理者过度自信心理存在一定的测量误差，这种测量误差表明测量变量存在可靠性问题。因而唯有依据心理学理论，对管理者行为进行分析，才可能找到测量误差偏小且符合实际的测量变量 [188]。

（2）自利归因度量法的心理学依据

①自利归因行为是管理者过度自信的函数

社会心理学领域的大量研究证明，个人倾向于将有利结果归为个人能力、努力等内部因素，将不利结果归为自身以外的任务难度、他人影响等外部因素，这种倾向被称为自利归因偏差（Self-serving Attributions Bias）[189]。将个体的自利归因行为延伸到企业中，自利性归因被定义为管理者在业绩表现好时将其归功于企业发展战略、管理改善等内部原因，在业绩表现差时将其归结于宏观政策、市场竞争激烈等外部原因[190]。

管理者过度自信具体是指管理者对他们的经营管理能力、选择更好投资机会的能力、知识水平的丰富程度等过分自信，即对自己的判断总是高于实际情况的一种心理偏差。

著名心理学家 Lewin（1936）提出行为是个体及情境的函数[191]。即个体行为是个体与其所处情境相互作用的结果。社会心理活动不仅与个体所处的即时情境有关，而且与其过去的经历以及个体的人格特征有密切的关系。管理者过度自信是人的一种社会心理，而自利归因则是人的社会行为。因此，我们可以认定管理者过度自信可以导致自利归因行为，自利归因行为正是管理者过度自信的表现之一。心理学相关研究同样指出，“优于平均效应”的过度自信心理可以影响个体行为的归因判断，即行为个体更愿意将好的结果归功于自己，而将坏的结果归咎于运气不佳。

Bettman 和 Weitz（1983）研究发现管理者在分析企业年报时，更愿意将公司业绩上升解释为自己能力的出色，将公司业绩下降解释为外界因素作用的结果[192]。Larwood 和 Whittaker（1977）发现公司高管明显存在“成功归功于自己，失败推卸为坏运气”的“自我防卫型”感知偏差[193]。我国学者孙蔓莉、王化成和凌哲佳（2005）首次在国内对自利性归因理论进行检验，发现绩优、绩差公司之间存在明显的归因倾向差异，符合自利性归因理论的思想[194]。蒋亚朋（2008）发现管理者在解释预期盈余变化原因时更多地将盈余增长归为管理者自身行动等内部原因，将盈余下降归为经济波动、政策变化等外部原因，存在着明显的自利性倾向[195]。

②自利归因行为影响管理者过度自信

19 世纪美国心理学教授威廉·詹姆斯在著作《心理学原理》中提出的“表现原理”，即人的行为会影响心理[22]。人们可以通过改变自己的行为来改变自己的心理状态，可以使自己变得更加开心、更加自信、更加快乐，取得更好的成绩。

心理学归因理论认为，个体认识和评价自己与他人不仅依赖于其在现实生活中成功和失败的历史，而且依赖于个体如何理解成功和失败的原因。毫无疑问，把正面的、积极的行为结果归因为个体的能力、努力、个性特点等内部因素，将会增强和提高诸如自尊、自信、自豪、自满之类的情绪；而把它归因为运气、被人帮助等外部因素时，则不会提高甚至可能会降低自尊、自信、自豪、自满之类的情绪。相反，将负面的、消极的行为结果归因为能力不足、努力不够、个性缺陷等内部因素，将会降低或损害个人的自尊，引起自卑、自弃之类的情绪、情感；而把它归因为运气不好、别人不支持等外部因素则有助于维护个人的自尊和自信。因此对行为结果的归因和个体自我价值有关的情绪、情感之间建立规律性的联系，具有明显的现实经验基础。

在企业经营的具体情境下，公司的管理者受所有者的委托负责公司的日常经营管理，对公司的经营结果负责。经过一定期间的经营，如果公司取得较好的经营成果，或与以往比较业绩大幅上升，并且这种有利结果是由于管理者制定了正确的发展战略，或是通过加强管理提升管理水平等原因导致的，那么管理者自身就会产生与自身价值有关的自信心理，而如果将业绩改善归因于宏观经济环境改善或是会计政策变化等外部因素，则这种自信心理将不会提升；相反，在公司经营结果较差，特别是业绩大幅下滑时，管理者如果将消极的行为结果归因为能力不足、努力不够等内部因素，将会降低其自信心理，甚至产生自卑情绪，而把不利的经营结果归因为自然灾害影响、市场竞争过于激烈等外部因素则有助于维护其自信心理。Gervais 和 Odean（2001）指出，即使 CEO 一开始并不是过度自信的，但由于自利归因的作用，以往的成功经历也会使那些成功的 CEO 们逐渐变得过度自信起来 [102]。Kahneman 和 Lovallo（1993）研究发现，当过度自信的管理者取得成功时，往往更容易将成功归因于自身的能力和对知识准确性的把握。同时，当他们取得成功时会更加认定自身的能力和学识，这种只看成功不看失败的心理又会使他们更加过度自信，如此循环下去 [196]。

自利归因行为既是管理者过度自信的函数，同时又影响管理者过度自信。可见管理者过度自信的个体心理与自利归因的个体行为两者联系紧密，前者是内隐的、属于个体的主观世界，不能直接观察；后者是外显的、客观存在的，比较容易观察和判断。两者拥有相同的主体，即企业管理者。因此，较其他度量方法，采用自利归因方法对管理者过度自信进行度量更符合心理学理论依据。

（3）自利归因度量方法

自利归因度量法是依据自利归因行为的判断来度量管理者过度自信的一种方法。具体是指对上市公司年度业绩预告中业绩变动的原因说明进行语言分析，找出文字表述中的归因语句，通过文字分析对归因信息的部位进行计量，即判断每一归因语句应归为内部原因还是外部原因，并依据其与公司业绩正向或负向变动的关系，对自利归因行为倾向进行判断，进而对管理者过度自信进行识别和度量。

对于自利归因行为的判断主要依据Salancik和Meindl（1984）[197]提出的简单模型，国内学者孙蔓莉、王化成和凌哲佳（2005）[194]首次在国内对自利归因理论进行检验时就使用了这种模型，之后学者孙蔓莉、蒋亚朋等的研究也一直使用这一经典模型对自利归因行为进行判断。模型变量中用P表示业绩正向变动，用N表示业绩负向变动，用I表示内部归因，E则表示外部归因。据此IP用来表示正向业绩内部归因，EP用来表示正向业绩外部归因，IN用来表示负向业绩内部归因，EN则用来表示负向业绩外部归因。显然，当“IP-EP>0”时，表示将好的业绩归因于内部的事项多于归因于外部的事项，当“EN-IN>0”时，表示将差的业绩归因于外部的事项多于归因于内部的事项；在这两种情况下，自利归因行为出现，表现出管理者过度自信。而当“IP-EP<0”时，表示将好的业绩归因于外部的事项多于归因于内部的事项，当“EN-IN<0”时，表示将差的业绩归因于内部的事项多于归因于外部的事项；在这两种情况下，未表现出自利归因行为，管理者不存在过度自信的心理。因此，可用“IP-EP+EN-IN”的判断结果来识别和度量管理者过度自信。

以目前国泰安数据库中企业数据为例，上市公司业绩预告包括“大增”“略增”“扭亏”“续盈”“续亏”“转亏”“略降”“大降”和“不确定”等九种类型。除“不确定”类型外，前四种类型为业绩正向变动，后四种类型为业绩负向变动。借鉴 Baginski 等（2000）[198] 提出的业绩归因分类表，戴德明和邓璠（2007）[199] 总结的亏损企业经营业绩改善措施统计表，洪剑峭和皮建屏（2002）[200] 总结的公司中报披露的业绩下滑原因汇总表，对归因部位进行判断。企业经营业绩变化原因分类情况汇总如表 5.6 所示。

表 5.6 企业经营业绩变化原因分类表

Tab. 5.6 Classification table of business performance' s changes

外部归因		内部归因	
总体经济 / 环境问题	政府 / 第三方问题	产品 / 服务问题	组织问题 / 行动
宏观经济情况	国家宏观政策改变	产品结构变化	管理措施 / 战略 / 行动 / 计划
行业景气度变化	诉讼 / 法律行动	销量（业务量）变化	经营状况
行业（业务）特点	行业竞争问题	广告 / 营销策略	项目投资
原材料（能源 / 运费）成本变化	证监会的监管行动	新产品开发 / 生产	资产减值（转回）
产品市场变化	强制性会计政策变化	产量变化	控（参）股公司业绩变化
季节性因素			资产重组
气候 / 灾害			购买 / 收购 / 处置资产（股份）
产品价格变化			

注：转自蒋亚朋. 上市公司经营业绩归因信息披露的经济后果研究 [M]. 北京：机械工业出版社，2012：147.

运用自利归因度量法度量出的管理者过度自信变量有定性和定量两种类型。

其一为虚拟变量（用 OC_1 表示），取值为 0 或 1。当“IP−EP+EN−IN>0”时，表示管理者过度自信，取值为 1；当“IP−EP+EN−IN ≤ 0”时，表示管理者并未过度自信，取值为 0。这样可以从定性的角度判断管理者是否存在过度自信的心理。

其二为离散变量（用 OC_2 表示），其值的范围由“IP−EP+EN−IN”决定。当“IP−EP+EN−IN>0”时，结果越大表示管理者过度自信程度越高；当“IP−EP+EN−IN ≤ 0”时，过度自信程度取 0。这样可以从定量的角度对管理者过度自信的程度进行度量。

为更好地反映管理者过度自信对非效率投资的影响，选取离散变量这种形式对管理者过度自信进行度量。

（4）自利归因度量法的应用

应用自利归因度量法对我国2012—2015年深沪A股发布年度业绩预告公司的管理者过度自信情况进行度量，度量中剔除了金融行业公司、发布风险提示的公司、定期报告中重复预告的公司、出现公告修正的公司和预告类型为不确定的公司。用虚拟变量 OC_1 表示的各年度量结果如表5.7—5.10所示，用离散变量 OC_2 表示的年度汇总度量结果如表5.11所示。

表5.7 2012年样本公司管理者过度自信（OC_1）度量结果

Tab. 5.7 Measurements of sample firms' managerial overconfidence（OC_1）in 2012

预告类型	过度自信公司	占比（%）	非过度自信公司	占比（%）	总数
大降	97	61.39	61	38.61	158
大增	116	79.45	30	20.55	146
略降	15	50.00	15	50.00	30
略增	24	80.00	6	20.00	30
扭亏	48	80.00	12	20.00	60
续亏	10	83.33	2	16.67	12
续盈	1	50.00	1	50.00	2
转亏	69	68.32	32	31.68	101
合计	380	70.50	159	29.50	539

表5.8 2013年样本公司管理者过度自信（OC_1）度量结果

Tab. 5.8 Measurements of sample firms' managerial overconfidence（OC_1）in 2013

预告类型	过度自信公司	占比（%）	非过度自信公司	占比（%）	总数
大降	47	61.04	30	38.96	77
大增	165	80.88	39	19.12	204
略降	14	66.67	7	33.33	21
略增	42	80.77	10	19.23	52
扭亏	84	85.71	14	14.29	98
续亏	2	66.67	1	33.33	3

续表

预告类型	过度自信公司	占比（%）	非过度自信公司	占比（%）	总数
续盈	3	60.00	2	40.00	5
转亏	54	47.37	60	52.63	114
合计	411	71.60	163	28.40	574

表 5.9　2014 年样本公司管理者过度自信（OC_1）度量结果

Tab. 5.9 Measurements of sample firms' managerial overconfidence（OC_1）in 2014

预告类型	过度自信公司	占比（%）	非过度自信公司	占比（%）	总数
大降	45	42.45	61	57.55	106
大增	158	90.80	16	9.20	174
略降	18	46.15	21	53.85	39
略增	42	80.77	10	19.23	52
扭亏	87	86.14	14	13.86	101
续亏	1	33.33	2	66.67	3
续盈	8	100.00	0	0.00	8
转亏	57	43.85	73	56.15	130
合计	416	67.86	197	32.14	613

表 5.10　2015 年样本公司管理者过度自信（OC_1）度量结果

Tab. 5.10 Measurements of sample firms' managerial overconfidence（OC_1）in 2015

预告类型	过度自信公司	占比（%）	非过度自信公司	占比（%）	总数
大降	58	47.93	63	52.07	121
大增	149	89.22	18	10.78	167
略降	17	32.08	36	67.92	53
略增	80	90.91	8	9.09	88
扭亏	97	82.91	20	17.09	117
续亏	7	87.50	1	12.50	8
续盈	5	83.33	1	16.67	6
转亏	97	58.43	69	41.57	166
合计	510	70.25	216	29.75	726

表 5.11　2012—2015 年样本公司管理者过度自信（OC_2）度量结果

Tab. 5.11 Measurements of sample firms' managerial overconfidence（OC_2）from 2012 to 2015

年度	N	极小值	极大值	均值	标准差	方差
2012	380	1	6	1.995	1.073	1.151
2013	411	1	6	1.978	1.067	1.139
2014	416	1	6	2.356	1.089	1.186
2015	510	1	8	2.210	1.085	1.177

从表 5.7—表 5.10 的结果可以看出，2012 年管理者过度自信的公司为 380 家，2013 年为 411 家，2014 年为 416 家，到 2015 年已经达到 510 家之多，每年过度自信的管理者呈增加的态势，从各年的总数占比情况看，除 2014 年占比 67.86%，略低于 70% 以外，其余三年过度自信管理者占比均高于 70%。从每年过度自信公司的业绩预告类型数据统计可以看出，“大增”和“扭亏”两种年度业绩预告类型更易导致管理者出现过度自信心理。

从表 5.11 中四年比较数据可以看出，这四年管理者过度自信程度最大值由 6 增长到 8，过度自信平均水平由 1.995 提高到 2.210，其中 2014 年最高，平均水平达到 2.356，基本呈逐年上升的变化趋势，各年数据的标准差和方差基本稳定。

较以往的度量方法，采用自利归因度量法得到的结果在确认比例和范围上都有较大的突破，这种度量结果更接近于现实情况，从某种意义上讲，减少了管理者过度自信测量变量的测量误差。应用自利归因度量法四年观测样本数由 539 家扩大到 726 家，增幅 34.7%，尽管深沪证券交易所股票上市规则要求符合一定特殊条件的公司必须披露企业业绩预告，其他不符合特殊条件的公司对企业业绩预告进行自愿性信息披露，但随着上市公司信息披露制度的完善和资本市场的健康发展，更多的企业选择披露业绩预告信息，这在缓解企业与投资者间信息不对称的同时，也为今后同类的研究和管理者过度自信的度量提供了更丰富的样本和空间。

5.2.4 企业生命周期的划分

对于企业生命周期的划分，目前存在多种方法。本书选用 Dickinson（2011）的基于现金流组合分类方法来划分企业生命周期阶段[153]。根据企业经营现金流量、投资现金流量和筹资现金流量的正负方向组合来判定企业所处生命周期的具体阶段，而不是依据三种现金流的大小来判断，这样可以避免现金流被操纵对生命周期阶段判定的影响。企业生命周期不同阶段的现金流组合类型如表 5.12 所示。

表 5.12 企业生命周期不同阶段的现金流组合类型

Tab. 5.12 Combination of cash flow on the different stages of corporate life cycle

组合类型	初创期	成长期	成熟期	衰退期				
				淘汰期	淘汰期	淘汰期	衰退期	衰退期
经营现金流	−	+	+	−	+	+	−	−
投资现金流	−	−	−	−	+	+	+	+
筹资现金流	+	+	−	−	+	−	+	−

注：当筹资现金流为零时，根据经营现金流、投资现金流的特征，分别计入成熟期、淘汰期和衰退期。当投资现金流为零时，根据经营现金流、筹资现金流的特征，分别计入成熟期、淘汰期和衰退期。

Miller 和 Friesen（1984）的研究结果表明，企业发展并不一定遵循严格的路径和完整的周期[21]。大部分企业遵循螺旋式迂回发展的路径。由于实证研究选取的样本均来自上市公司，可以理解为样本企业已度过初创期，同时将淘汰期并入衰退期。因此实证研究中将上市公司企业生命周期界定为成长期、成熟期和衰退期三个阶段。

5.2.5 控制变量的选取

由于企业非效率投资受多种因素的综合影响，为了排除其他外生变量可能对非效率投资研究模型的干扰，根据现有文献，在模型中添加影响上市公司非效率投资的控制变量，具体包括：自由现金流（FCF），资产负债率（Lev），公司规模（Size），股权集中度（Top），董事会规模（Board），独立董事比例

（Inde），股权性质（State）。

自由现金流。基于自由现金流假说，企业是否具有充足的自由现金流是其进行投资活动的先决条件，不论管理者过度自信还是代理行为导致的非效率投资都会受到自由现金流影响和限制。

股权集中度。大股东持股比例的变化可以反映出不同的股权集中效应，大股东可以有效监督管理者的投资行为，也可能与管理层合谋为寻求控制权私利而进行非效率投资。

董事会规模。董事会规模决定董事会的运行效率，但不意味着董事会规模越大其监督职能发挥越充分，随着董事会规模的扩大也可能带来协调困难、决策迟疑和拖拉等问题，因此，董事会规模将影响其对管理者的监督，从而造成企业的非效率投资。

独立董事比例。独立董事不仅可以监督管理者以确保公司投资决策的正确性与客观性，还会对公司战略决策和资源配置效率等重大问题提出客观性和建设性的意见。因此提高董事会中独立董事的比例将有利于强化董事会对管理者的监督力度，抑制企业非效率投资。

股权性质。上市公司根据股权性质不同可被分为国有控股企业和非国有控股企业。不同产权性质的企业在市场经济地位、融资约束等方面存在较大的差异，进而导致在非效率投资方面也存在不同的影响。

5.2.6 工具变量的选取

企业管理理论认为，在企业生命周期不同阶段，企业投资决策受发展战略的影响，而这也可能同时影响企业对管理者的选择和任用。过度自信的管理者导致了企业投资的低效，同样投资低效的企业是否会选择过度自信的管理者？企业的非效率投资是否会在自利归因下使得管理者更加过度自信？这些问题无疑是在研究管理者过度自信、代理行为与企业非效率投资关系时面临的内生性问题。

在研究管理者过度自信、代理行为与企业非效率投资的关系时，为了解决变量间可能存在的内生性，本书依据侯巧铭等（2017）的研究选取可持续增长率这一工具变量，对内生性进行 Hausman 检验，并使用两阶段最小二乘法进行回归[201]。

Penrose（1959）在对企业成长速度的解释中最早提出可持续增长这一概念[202]。美国财务学家 VanHorne 将其发展为企业可持续增长的财务管理理论，指企业在下一年度若保持本年度的财务政策（资本结构和股利政策）及经营效率（销售净利率和资产周转率）且不发行新股所能实现的一个最大的销售增长率。可持续增长率表达了一种平衡、可持续增长的思想。其值越高，企业成长速度越快，企业管理者越易产生过度自信的心理偏差。

曹玉珊和张天西（2005）认为可持续增长率与企业实际增长率并非同一概念，两者间相关性很弱[203]。前者是由企业财务政策和经营效率所决定的内在增长能力，而实际增长率一般指销售收入增长率，而企业销售收入的形成必须以一定的资产配置和投资作为条件，企业不可能任意大幅度提高实际增长率，实际增长率的提高是有内在极限的，否则企业的经济资源就会很快枯竭。因此非效率投资与企业实际增长率有关，与可持续增长率并没有直接的关系，从近年的学术成果中也未找到非效率投资与可持续增长关系的研究。

选取的可持续增长率符合与内生变量相关、与被解释变量不相关或相关性很低的工具变量选择原则，鉴于此，本书选取可持续增长率作为工具变量，以解决研究模型中的内生性问题。

使用范霍恩 SGR 稳态模型对可持续增长率进行度量。公式如（5.4）所示：

可持续增长率 = 净资产收益率 × 留存收益率 /（1– 净资产收益率 × 留存收益率）　（5.4）

综上，本书实证研究中涉及选取的变量及度量方法如表 5.13 所示。

表 5.13 变量说明

Tab. 5.13 Variable descriptions

变量类型	变量名称	变量符号	变量定义
被解释变量	非投资效率	Ine_Inv	模型（1）回归估计残差的绝对值
解释变量	过度自信	OC	依据自利归因度量法计算 IP-EP+EN-IN，该值大于 0 按实际取值，表示管理者过度自信；该值小于等于 0 时按 0 取值，表示管理者并未过度自信
			薪酬最高的前三名高管薪酬之和 / 所有高管的薪酬之和
	管理费用率	Expense	管理费用 / 主营业务收入
	资产周转率	Turnover	主营业务收入 / 总资产
	企业生命周期		Dickinson（2011）现金流组合法划分企业生命周期阶段
控制变量	自由现金流	FCF	经营活动现金净流量 / 期初总资产
	资产负债率	Lev	负债总额 / 资产总额
	公司规模	Size	总资产的自然对数
	股权集中度	Top	第一大股东持股比例
	董事会规模	Board	董事人数
	独立董事比例	Inde	独立董事人数 / 董事人数
	股权性质	State	国有股为 1，非国有股为 0
	行业变量	Industry	行业按中国证监会 2012 颁布的《上市公司行业分类指引》进行分类
	年度变量	Year	设置 3 个虚拟变量用来表示 2012—2015 年
工具变量	可持续增长率	SGR	净资产收益率 × 收益留存率 /（1- 净资产收益率 × 收益留存率）

5.3 模型构建

本书为了检验提出的六个研究假设，构建如下三个模型：

$$Ine\_Inv_{it}=\alpha_0+\alpha_1 Expense_{it}+\alpha_2 FCF_{it}+\alpha_3 Lev_{it}+\alpha_4 Size_{it}+\alpha_5 Top_{it}+\alpha_6 Board_{it}+\alpha_7 Inde_{it}+\sum Ind+\sum Year+\varepsilon_{it} \quad (5.5)$$

$$Ine\_Inv_{it}=\alpha_0+\alpha_1 OC_{it}+\alpha_2 FCF_{it}+\alpha_3 Lev_{it}+\alpha_4 Size_{it}+\alpha_5 Top_{it}+\alpha_6 Board_{it}+\alpha_7 Inde_{it}+\sum Ind+\sum Year+\varepsilon_{it} \quad (5.6)$$

$$Ine\_Inv_{it}=\alpha_0+\alpha_1 OC_{it}+\alpha_2 Expense_{it}+\alpha_3 FCF_{it}+\alpha_4 Lev_{it}+\alpha_5 Size_{it}+\alpha_6 Top_{it}+\alpha_7 Board_{it}+\alpha_8 Inde_{it}+\sum Ind+\sum Year+\varepsilon_{it} \quad (5.7)$$

首先根据 Dickinson（2011）[153] 现金流组合法划分企业生命周期阶段，将总样本具体分为成长期样本、成熟期样本和衰退期样本三组子样本。应用模型（5.5）检验假设一管理者代理行为对非效率投资的影响，应用模型（5.6）检验假设二管理者过度自信对非效率投资的影响；然后对三个子样本的 OC（过度自信）和 Expense（管理费用率）进行单因素方差分析，用以检验假设三管理者行为在企业生命周期不同阶段的动态变化；最后应用分组样本数据，对模型（5.7）进行回归分析，分别检验假设四、假设五和假设六，即企业生命周期中成长期、成熟期和衰退期管理者代理行为和管理者过度自信与企业非效率投资的关系。

在内生性检验中选择可持续增长率作为工具变量，首先对工具变量选择的有效性进行分析说明，然后进行 Hausman 内生性检验，最后应用总样本和企业生命周期各阶段子样本数据，采用工具变量法对模型（5.7）进行两阶段最小二乘法回归分析。

5.4 样本选取与数据来源

本书选取 2012—2015 年深沪主板上市公司为研究样本，样本数据来源于 CSMAR 数据库，根据研究需要对样本进行了逐步的剔除。剔除原则如下：

第一步剔除了发布风险提示的公司，即ST，SST及S*ST公司。

第二步剔除了金融行业的公司。

第三步剔除了企业业绩预告特殊的公司，包括重复预告的公司、出现修正公告的公司和业绩预告类型为不确定的公司。

第四步剔除了数据不全的公司，具体包括度量企业非效率投资相关变量数据不全的公司和控制变量数据不全的公司。

第五步剔除了划分企业生命周期中数据不全的公司和界定为初创期的公司，为了研究的可靠性，对企业经营现金流量、投资现金流量和筹资现金流量为零的公司也进行了剔除。

第六步剔除了各变量出现极端值的公司。

最终确定实证研究的总样本为1387家公司观测值，其中：成长期样本560家公司观测值，成熟期样本320家公司观测值，衰退期样本507家公司观测值。本书数据整理使用Excel软件，统计分析使用Spss软件。

5.5 本章小结

本章对实证研究进行了设计。依据第4章整理了待检验的研究假设，用Richardson模型的残差度量非效率投资，用管理费用率和资产周转率两变量度量管理者代理行为，对管理者过度自信的度量是在比较现有方法的基础上，依据心理学自利归因理论创新性地提出了自利归因度量法，用Dickinson现金流组合分类法划分企业生命周期，同时选取了自由现金流、股权集中度、独立董事比例、资产负债率、董事会规模、公司规模和股权性质等控制变量，构建多元线性回归模型，检验管理者代理行为和管理者过度自信对企业非效率投资的动态综合影响。为解决模型中存在的内生性问题，选择可持续增长率作为工具变量，应用两阶段最小二乘法进行回归分析。样本选取2012—2015年深沪主板上市公司，数据来源于CSMAR数据库。

第6章 实证分析结果

6.1 描述性统计

6.1.1 变量的描述性统计

实证研究中各变量的描述性统计结果如表 6.1 所示。

表 6.1 主要变量描述性统计结果

Tab. 6.1 Descriptive statistics of main variable

变量名	N	均值	极小值	极大值	中位数	标准差
Ine_Inv	1387	0.4771	0.0013	3.9477	0.3655	0.4465
OC	1387	1.4845	0.0000	7.0000	1.0000	1.3378
Expense	1387	0.0915	0.0024	1.2959	0.0742	0.0765
FCF	1387	0.0155	−0.9703	1.6613	0.0114	0.1193
Lev	1387	0.5320	0.0351	0.9947	0.5486	0.1979
Size	1387	22.0479	18.8778	25.3766	21.9467	1.1437
Top	1387	29.4983	0.0382	84.1062	27.8860	16.9443
Board	1387	8.9500	5.0000	18.0000	9.0000	1.7440
Inde	1387	0.3689	0.2308	0.7143	0.3333	0.0534
State	1387	0.6300	0.0000	1.0000	1.0000	0.4830

从表 6.1 统计结果可以看出，企业非效率投资平均水平为 0.4771，与中位数 0.3655 接近，最大值达到 3.9477，表明企业普遍存在非效率投资的情况，个别企业非效率投资较严重；管理者普遍过度自信，平均水平为 1.4845，最大值达到 7.0000，说明不同企业管理者过度自信程度存在一定差异；管理费用率

均值为0.0915，中位数为0.0742，表明大多数企业的管理者代理水平在0.0915以下，最小值为0.0024，最大值为1.2959，意味着企业管理费用比企业主营业务收入还要高29%，存在管理者代理问题严重的企业；企业自由现金流均值为0.0155，规模不大，有的企业自由现金流为负，最小达到-0.9703，企业资金流短缺，基本与资产总量规模相当，最大值为1.6613，表明企业有大量的现金流闲置，这些都可能为企业的非效率投资提供了资金上的外在条件；企业资产负债率平均达到53.2%，属于合理范围，个别企业资产负债率较高，最高达到99.47%，或与企业所处行业有关；企业规模平均22.0479，从两个极值来看差异不大，规模比较均衡；股权集中度差异较大，最高约为84.11%，最低仅为3.82%，说明有些企业股权极其分散，有些则高度集中，这可能在一定程度上受企业性质的影响；董事会规模普遍在9人左右，最少的为5人；独立董事比例平均36.89%，最好的企业达到71.43%的独立董事比例，有些企业独立董事比例仅达到23%，比证监会的基本要求略低；产权性质中可以看出样本中有63%的国有企业；构建模型中选取变量的标准差普遍小于均值，自由现金流的标准差大于均值是因为该变量取值范围有负值，非全部正值。各变量样本数据基本合理，可为后续实证研究提供稳定的数据支持。

6.1.2 企业生命周期的划分

按照Dickinson（2011）[153]的现金流组合分类方法来划分企业生命周期阶段，结果如表6.2所示。

表6.2 企业生命周期划分结果

Tab. 6.2 Partition of the stages of corporate cycle

年度	成长期	比例（%）	成熟期	比例（%）	衰退期	比例（%）	总计
2012	117	37.99	79	25.65	112	36.36	308
2013	124	36.58	86	25.37	129	38.05	339
2014	138	40.47	77	22.58	126	36.95	341
2015	181	45.36	78	19.55	140	35.09	399
全样本	560	40.37	320	23.07	507	36.55	1387

从表 6.2 划分结果可以看出，在总样本 1387 家公司观测值中：成长期样本 560 家公司观测值，成熟期样本 320 家公司观测值，衰退期样本 507 家公司观测值。从各年数据来看成长期企业数量最多，最高达到 40.37%，其次是衰退期企业达到 36% 左右，成熟期企业数量相对较少，基本在 25% 左右。

样本中衰退期企业数量明显比成长期企业数量多，这可能是由于总样本的选取受到过度自信变量选择的影响，因为企业年度业绩预告的披露并不是完全的强制性信息披露，《上海证券交易所股票上市规则》和《深圳证券交易所股票上市规则》都规定企业净利润为负、净利润与上年同期相比上升或者下降 50% 以上或实现扭亏为盈时应当及时进行业绩预告，而其他企业业绩预告为自愿性信息披露，强制性披露业绩预告的企业可能业绩不好，处于生命周期衰退期的较多。另外，企业发展也并不一定遵循严格的路径和完整的周期，部分企业遵循螺旋式迂回发展的路径，从衰退期可以通过蜕变转换到成长期或成熟期。

6.2 对管理者行为与企业非效率投资静态关系的检验

6.2.1 管理者代理行为对企业非效率投资影响的检验

应用总样本数据，对模型（5.5）进行 OLS 回归分析，检验假设一，回归结果如表 6.3—表 6.5 所示。

表 6.3 管理者代理对非效率投资回归模型汇总表

Tab. 6.3 Managerial agency's summary sheet of regression model of non-efficiency investment

Model	R	R Square	Adjusted R Square	Std. Error of the Estimate
1	0.369	0.136	0.122	0.418

表 6.4 管理者代理对非效率投资方差分析表

Tab. 6.4 Managerial agency's analysis of variance table of non-efficiency investment

Model	Sum of Squares	df	Mean Square	F	Sig.
Regression	37.643	23	1.637	9.347	0.000
Residual	238.661	1363	0.175		
Total	276.304	1386			

注：因变量：非效率投资。

表 6.5　管理者代理对非效率投资回归方程系数表

Tab. 6.5 Managerial agency' s coefficients tables of regression equation of non-efficiency investment

Model	Unstandardized Coefficients		Standardized Coefficients	t	Sig.	Collinearity Statistics	
	B	Std. Error	Beta			Tolerance	VIF
(Constant)	0.377	0.290		1.302	0.193		
Expense	0.404	0.166	0.069	2.429	0.015	0.780	1.282
FCF	0.242	0.096	0.065	2.534	0.011	0.971	1.029
Lev	−0.130	0.064	−0.058	−2.033	0.042	0.785	1.274
Size	−0.024	0.012	−0.061	−2.013	0.044	0.695	1.439
Top	0.001	0.001	0.046	1.707	0.088	0.876	1.141
Board	0.031	0.008	0.122	4.105	0.000	0.719	1.390
Inde	0.223	0.233	0.027	0.955	0.340	0.814	1.228
Stata	0.039	0.025	0.042	1.557	0.120	0.877	1.140

注：因变量：非效率投资。

从表 6.3—表 6.5 的回归结果中可以看出，方程拟合优度调整 R^2 为 12.2%，F 值为 9.347，Sig. 值小于 0.01，说明回归方程总体成立，表 6.5 中各变量的方差膨胀因子 VIF 值均小于 2，说明变量间不存在共线性问题，在各变量与非效率投资的关系中，仅独立董事比例和股权性质未体现出显著相关性，管理者代理行为变量与非效率投资间偏回归系数为 0.404，Sig. 为 0.015，说明两变量在 0.05 的显著性水平下正相关，从而验证本书提出的假设一，即管理者代理行为会导致企业非效率投资。

另外，自由现金流和董事会规模与非效率投资显著正相关，且通过显著性 0.05 水平的统计检验，偏回归系数分别为 0.242 和 0.031，股权集中度（Top）与非效率投资也显著正相关，但仅通过显著性 0.1 水平的统计检验，偏回归系数仅为 0.001，而资产负债率和企业规模与非效率投资显著负相关，通过显著性 0.05 水平的统计检验，偏回归系数分别为 −0.130 和 −0.024。

6.2.2 管理者过度自信对企业非效率投资影响的检验

应用总样本数据，对模型（5.6）进行 OLS 回归分析，检验假设二，回归结果如表 6.6—表 6.8 所示。

表 6.6 管理者过度自信对非效率投资回归模型汇总表

Tab. 6.6 Managerial overconfidence of summary sheet of regression model of non-efficiency investment

Model	R	R Square	Adjusted R Square	Std. Error of the Estimate
1	0.370	0.137	0.122	0.418

表 6.7 管理者过度自信对非效率投资方差分析表

Tab. 6.7 Managerial overconfidence of analysis of variance Tab. of non-efficiency investment

Model	Sum of Squares	df	Mean Square	F	Sig.
Regression	37.856	23	1.646	9.408	0.000
Residual	238.448	1363	0.175		
Total	276.304	1386			

注：因变量：非效率投资。

表 6.8 管理者过度自信对非效率投资回归方程系数表

Tab. 6.8 Managerial overconfidence of coefficients tables of regression equation of non-efficiency investment

Model	Unstandardized Coefficients		Standardized Coefficients	t	Sig.	Collinearity Statistics	
	B	Std. Error	Beta			Tolerance	VIF
(Constant)	0.584	0.279		2.093	0.037		
OC	0.023	0.009	0.070	2.670	0.008	0.932	1.073
FCF	0.193	0.096	0.052	2.024	0.043	0.970	1.031
Lev	−0.153	0.063	−0.068	−2.426	0.015	0.813	1.229
Size	−0.032	0.012	−0.082	−2.781	0.005	0.723	1.383
Top	0.001	0.001	0.038	1.408	0.159	0.877	1.141
Board	0.030	0.008	0.116	3.897	0.000	0.718	1.394
Inde	0.232	0.233	0.028	0.997	0.319	0.815	1.227
Stata	0.037	0.025	0.040	1.474	0.141	0.879	1.137

注：因变量：非效率投资。

从表 6.6—表 6.8 的回归结果中可以看出，方程拟合优度调整 R^2 为 12.2%，F 值为 9.408，Sig. 值小于 0.01，说明回归方程总体成立，表 6.8 中各变量的方差膨胀因子 VIF 值均在 1.5 以下，排除变量间存在共线性问题的可能，在各变量与非效率投资的关系中，股权集中度、独立董事比例和股权性质未体现显著相关关系，管理者过度自信变量与非效率投资间偏回归系数为 0.023，Sig. 为 0.008，说明两变量在 0.01 的显著性水平下正相关，从而验证本书提出的假设二，即管理者过度自信程度越高，企业非效率投资越严重。

另外，自由现金流和董事会规模与非效率投资均显著正相关，偏回归系数分别为 0.193 和 0.030，而资产负债率和企业规模与非效率投资依然显著负相关，偏回归系数分别为 –0.153 和 –0.032，上述变量与非效率投资的相关关系均通过显著性 0.05 或 0.01 水平的统计检验。

6.3 对企业生命周期不同阶段管理者行为动态变化的检验

6.3.1 管理者代理行为动态变化检验结果

以企业生命周期不同阶段为因子，对管理者代理行为变量进行单因素方差分析，以检验不同阶段管理者代理行为是否存在显著性差异。首先对三组子样本数据的方差齐性进行检验，结果如表 6.9 所示。

表 6.9 管理费用率方差齐性检验

Tab. 6.9 Homogeneity test of variance of the rate of administrative expenses

Levene 统计量	df1	df2	显著性
9.646	2	1384	0.000

表 6.9 中显著性为 0.000，表示不同阶段管理者代理行为数据方差不等，存在显著性差异，因此采用 Tamhane 法进行单因素方差分析，结果如表 6.10 所示。

表 6.10 管理费用率单因素方差分析多重比较结果

Tab. 6.10 Multiple comparison of one-way ANOVA (Analysis of Variance) in the rate of administrative expenses

（I）生命周期	（J）生命周期	均值差（I–J）	标准误	显著性
成长期	成熟期	−0.013*	0.005	0.019
	衰退期	−0.027*	0.005	0.012
成熟期	成长期	0.013*	0.005	0.019
	衰退期	−0.014*	0.005	0.000
衰退期	成长期	0.027*	0.005	0.012
	成熟期	0.014*	0.005	0.000

注：* 表示均值差的显著性水平为 0.05。

总体来看，企业在成长期、成熟期、衰退期管理者代理行为水平呈递增的趋势，衰退期管理费用率最高，成熟期次之，成长期最低。

从数据分析中可以得出，衰退期管理费用率较成熟期高 0.014，Sig. 为 0.000，通过显著性水平 0.01 的检验，衰退期管理费用率较成长期高 0.027，Sig. 为 0.012，通过显著性水平 0.05 的检验，可以看出衰退期管理者代理程度较成熟期和成长期有显著加剧的趋势；成熟期管理费用率较成长期高 0.013，且 Sig. 为 0.019，通过 0.05 显著性水平检验。因此，可以得出结论，管理者代理行为在企业生命周期不同阶段存在显著性差异，且随企业生命周期阶段发展逐渐增强，假设三中 H_{3a} 得到验证。

6.3.2 管理者过度自信动态变化检验结果

同样以企业生命周期不同阶段为因子，对管理者过度自信变量进行单因素方差分析，以检验不同阶段管理者过度自信是否存在显著性的差异。依然对三组子样本数据的方差齐性进行检验，结果如表 6.11 所示。

表 6.11 管理者过度自信方差齐性检验

Tab. 6.11 Managerial overconfidence of homogeneity test of variance

Levene 统计量	df1	df2	显著性
5.068	2	1384	0.006

表中显著性为 0.006，同样表示不同阶段管理者代理行为数据方差不等，

存在显著性差异，因此采用 Tamhane 法进行单因素方差分析，结果如表 6.12 所示。

表 6.12　管理者过度自信单因素方差分析多重比较结果

Tab. 6.12 Multiple comparison of one-way ANOVA (Analysis of Variance) in managerial overconfidence

(I) 生命周期	(J) 生命周期	均值差 (I-J)	标准误	显著性
成长期	成熟期	-0.029	0.099	0.988
	衰退期	0.203*	0.079	0.030
成熟期	成长期	0.029	0.099	0.988
	衰退期	0.232	0.100	0.062
衰退期	成长期	-0.203*	0.079	0.030
	成熟期	-0.232	0.100	0.062

注：* 表示均值差的显著性水平为 0.05。

总体来看，企业在成长期、成熟期、衰退期管理者过度自信的水平呈递减趋势，成熟期管理者过度自信水平最高，但并未通过显著性检验，衰退期管理者过度自信明显最弱。

从数据分析中可以得出，成长期管理者过度自信水平较成熟期为 -0.029，但 Sig. 为 0.988，意味着两者间的差异不显著，但两者与衰退期管理者过度自信水平的差异均通过了 0.05 和 0.1 水平的显著性检验，成熟期管理者过度自信水平较衰退期高 0.232，成长期管理者过度自信水平较衰退期高 0.203。理论上讲，较成长期而言，成熟期管理者过度自信受过去经历的影响而加剧，同时受学习的影响而得到修正和改进，两阶段管理者受未来预期的影响无明显区别，所以两阶段管理者过度自信水平差异是过去经历和学习修正的综合影响结果，无法准确认定孰高孰低，就实证数据结果来看，样本公司反映出成熟期的管理者受历史经历的影响较受学习的影响更多，管理者过度自信程度加剧。因此，可以得出结论，管理者过度自信在企业生命周期不同阶段存在显著性差异，且随企业生命周期阶段发展逐渐减弱，假设三中 H_{3b} 得到验证。至此，本书提出的假设三得到充分的证明，企业生命周期不同阶段，管理者行为存在显著性差异。

6.4 对管理者行为与企业非效率投资动态关系的检验

为检验企业生命周期不同阶段管理者代理行为、过度自信对企业非效率投资的共同影响，应用全样本数据和分组数据对模型（5.7）进行OLS回归分析。

6.4.1 总样本的动态检验

应用总样本数据，对模型（5.7）进行OLS回归分析，结果如表6.13—表6.15所示。

表6.13 总样本回归模型汇总表

Tab. 6.13 Summary sheet of regression model of main sample

Model	R	R Square	Adjusted R Square	Std. Error of the Estimate
1	0.376	0.141	0.126	0.417

表6.14 总样本方差分析表

Tab. 6.14 Analysis of variance Tab. of main sample

Model	Sum of Squares	df	Mean Square	F	Sig.
Regression	39.091	24	1.629	9.352	0.000
Residual	237.213	1362	0.174		
Total	276.304	1386			

注：因变量：非效率投资。

表6.15 总样本回归方程系数表

Tab. 6.15 Coefficients tables of regression equation of main sample

Model	Unstandardized Coefficients		Standardized Coefficients	t	Sig.	Collinearity Statistics	
	B	Std. Error	Beta			Tolerance	VIF
(Constant)	0.383	0.289		1.326	0.185		
OC	0.025	0.009	0.075	2.884	0.004	0.926	1.080
Expense	0.443	0.166	0.076	2.663	0.008	0.775	1.291
FCF	0.216	0.096	0.058	2.255	0.024	0.963	1.039
Lev	−0.119	0.064	−0.053	−1.860	0.063	0.782	1.279

续表

Model	Unstandardized Coefficients		Standardized Coefficients	t	Sig.	Collinearity Statistics	
	B	Std. Error	Beta			Tolerance	VIF
Size	−0.026	0.012	−0.066	−2.183	0.029	0.693	1.444
Top	0.001	0.001	0.042	1.563	0.118	0.874	1.144
Board	0.030	0.008	0.117	3.954	0.000	0.717	1.394
Inde	0.212	0.233	0.025	0.912	0.362	0.814	1.228
Stata	0.040	0.025	0.043	1.610	0.108	0.877	1.140

注：因变量：非效率投资。

从表6.13—表6.15的回归结果中可以看出，方程拟合优度调整 R^2 为12.6%，F值为9.352，Sig.值小于0.01，说明回归方程总体成立，表6.15中各变量的方差膨胀因子VIF值均在1.5以下，排除变量间存在共线性问题的可能。

在变量回归系数表中，可以看到，管理者过度自信与企业非效率投资正相关，偏回归系数为0.025，且通过显著性0.01水平的统计检验，管理者代理行为与企业非效率投资也存在正相关关系，偏回归系数为0.443，同样在0.01的显著性水平下通过检验。可见，从总样本来看，管理者过度自信和管理者代理行为都能对企业非效率投资产生正向影响。从表6.15标准系数列出的结果来看，管理者过度自信和管理者代理行为对企业非效率投资的影响程度分别为0.075和0.076，表示管理者的两种行为每变化一个单位对非效率投资产生的平均影响没有太大的差别。

从其他变量来看，股权集中度、独立董事比例和股权性质三个变量对企业非效率投资的影响并不显著，其余的四个变量对非效率投资都有显著的影响，具体表现为：自由现金流和董事会规模与非效率投资存在正相关关系，偏回归系数分别为0.216和0.030，并分别通过0.05和0.01显著性水平的检验，而资产负债率和企业规模与非效率投资存在显著负相关关系，偏回归系数分别为−0.119和−0.026，同样通过了0.1和0.05显著性水平的检验。

6.4.2 成长期样本动态检验

应用成长期子样本数据，对模型（5.7）进行 OLS 回归分析，结果如表 6.16—表 6.18 所示。

表 6.16 成长期样本回归模型汇总表

Tab. 6.16 Summary sheet of regression model of a permanent sample

Model	R	R Square	Adjusted R Square	Std. Error of the Estimate
1	0.391	0.153	0.115	0.542

表 6.17 成长期样本方差分析表

Tab. 6.17 Analysis of variance Tab. of a permanent sample

Model	Sum of Squares	df	Mean Square	F	Sig.
Regression	28.467	24	1.186	4.031	0.000
Residual	157.416	535	0.294		
Total	185.883	559			

注：因变量：非效率投资。

表 6.18 成长期样本回归方程系数表

Tab. 6.18 Coefficients tables of regression equation of a permanent sample

Model	Unstandardized Coefficients		Standardized Coefficients	t	Sig.	Collinearity Statistics	
	B	Std. Error	Beta			Tolerance	VIF
(Constant)	0.792	0.766		1.033	0.302		
OC	0.030	0.019	0.069	1.665	0.096	0.879	1.137
Expense	0.414	0.314	0.059	1.318	0.188	0.800	1.251
FCF	0.436	0.205	0.087	2.122	0.034	0.935	1.070
Lev	−0.174	0.152	−0.053	−1.144	0.253	0.730	1.370
Size	−0.040	0.025	−0.075	−1.579	0.115	0.693	1.442
Top	0.001	0.001	0.041	0.927	0.354	0.822	1.217
Board	0.030	0.016	0.091	1.913	0.056	0.701	1.426
Inde	−0.219	0.472	−0.020	−0.464	0.643	0.837	1.194
Stata	0.077	0.052	0.064	1.494	0.136	0.854	1.171

注：因变量：非效率投资。

从表6.16—表6.18的回归结果中可以看出，方程拟合优度调整 R^2 为11.5%，F值为4.031，Sig.值小于0.01，说明回归方程总体成立，表6.18中各变量的方差膨胀因子VIF值排除变量间存在共线性问题的可能。

在变量回归系数表中可以看到，在企业成长期，管理者过度自信与企业非效率投资正相关，偏回归系数为0.030，且通过0.1水平的显著性检验，但成长期管理者代理行为与企业非效率投资的正相关关系未能在0.1的显著性水平下通过检验，没有充分证据表明成长期管理者代理行为会对企业非效率投资产生影响，这点结论与总样本静态下的回归结果有明显的不同。从而可以得出在成长期企业非效率投资主要由管理者过度自信所导致的结论，进而验证了假设四的成立。当然管理者过度自信的相关性未能通过0.05显著性水平的检验，说明相关性存在但显著性不强。管理者过度自信对企业非效率投资影响的标准系数为0.069，意味着管理者过度自信水平增加一个单位，企业非效率投资平均增加0.069个单位。

成长期其他变量与企业非效率投资的关系也略有变化。除了股权集中度、独立董事比例和股权性质三个变量依然无法证明与企业非效率投资相关外，资产负债率和企业规模在此阶段与非效率投资的负相关关系也不显著，均没有通过0.1显著性水平的检验；剩余的两个变量自由现金流和董事会规模与非效率投资存在正相关关系，偏回归系数分别为0.436和0.030，并分别通过0.05和0. 1显著性水平的检验。

6.4.3 成熟期样本动态检验

应用成熟期子样本数据，对模型（5.7）进行OLS回归分析，结果如表6.19—表6.21所示。

表6.19　成熟期样本回归模型汇总表

Tab. 6.19 Summary sheet of regression model of the sample in period of maturity

Model	R	R Square	Adjusted R Square	Std. Error of the Estimate
1	0.509	0.259	0.204	0.297

表 6.20　成熟期样本方差分析表

Tab. 6.20 Analysis of variance Tab. of the sample in period of maturity

Model	Sum of Squares	df	Mean Square	F	Sig.
Regression	9.127	22	0.415	4.719	0.000
Residual	26.110	297	0.088		
Total	35.237	319			

注：因变量：非效率投资。

表 6.21　成熟期样本回归方程系数表

Tab. 6.21 Coefficients tables of regression equation of the sample in period of maturity

Model	Unstandardized Coefficients		Standardized Coefficients	t	Sig.	Collinearity Statistics	
	B	Std. Error	Beta			Tolerance	VIF
(Constant)	−0.075	0.507		−0.147	0.883		
OC	0.021	0.012	0.095	1.774	0.077	0.873	1.146
Expense	0.606	0.375	0.103	1.697	0.091	0.620	1.613
FCF	0.499	0.156	0.173	3.205	0.001	0.858	1.166
Lev	−0.247	0.098	−0.152	−2.528	0.012	0.691	1.448
Size	−0.018	0.020	−0.060	−0.926	0.355	0.592	1.690
Top	0.002	0.001	0.090	1.621	0.106	0.809	1.237
Board	0.033	0.012	0.170	2.790	0.006	0.670	1.493
Inde	0.647	0.370	0.103	1.748	0.081	0.724	1.382
Stata	0.030	0.041	0.041	0.730	0.466	0.772	1.295

注：因变量：非效率投资。

从表 6.19—表 6.21 的回归结果中可以看出，方程拟合优度调整 R^2 为 20.4%，F 值为 4.719，Sig. 值小于 0.01，说明回归方程总体成立，检验结果可以看出各变量间不存在共线性问题。

在表 6.21 中可以看到，企业在成熟期，管理者过度自信与企业非效率投资正相关，偏回归系数为 0.021，且通过 0.1 水平的显著性检验，同时，管理者代理行为与企业非效率投资也表现出显著的正相关关系，偏回归系数为 0.606，但也仅通过 0.1 水平的显著性检验，可见管理者代理行为和管理者过度自信与非效率投资的关系成立，但都未能进一步通过 0.05 显著性水平的统计检验。基本可以得出假设五的结论，即在成熟期，企业非效率投资由管理者代理行为和管理者过度自信共同导致。表 6.21 中显示管理者代理行为和管理者过度自信与企业非效率投资的标准回归系数分别为 0.103 和 0.095，表示在成熟期管理者代理行为对非效率投资的影响较管理者过度自信对非效率投资的影响要强。

成熟期的控制变量与非效率投资的关系还是发生了一定的变化，无法证实企业规模、股权集中度、股权性质三个变量与企业非效率投资相关，其余四个变量中自由现金流和董事会规模与非效率投资存在正相关关系，偏回归系数分别为 0.499 和 0.033，均通过 0.01 显著性水平的检验；资产负债率与企业非效率投资显著负相关，偏回归系数为 –0.247，通过 0.05 显著性水平的检验；独立董事比例与非效率投资正相关通过 0.1 显著性水平的检验，偏回归系数为 0.647。

6.4.4 衰退期样本动态检验

应用衰退期子样本数据，对模型（5.7）进行 OLS 回归分析，结果如表 6.22—表 6.24 所示。

表 6.22 衰退期样本回归模型汇总表

Tab. 6.22 Summary sheet of regression model of the sample in recession

Model	R	R Square	Adjusted R Square	Std. Error of the Estimate
1	0.538	0.289	0.251	0.267

表 6.23 衰退期样本方差分析表

Tab. 6.23 Analysis of variance Tab. of the sample in recession

Model	Sum of Squares	df	Mean Square	F	Sig.
Regression	14.003	26	0.539	7.516	0.000
Residual	34.395	480	0.072		
Total	48.398	506			

注：因变量：非效率投资。

表 6.24 衰退期样本回归方程系数表

Tab. 6.24 Coefficients tables of regression equation of the sample in recession

Model	Unstandardized Coefficients		Standardized Coefficients	t	Sig.	Collinearity Statistics	
	B	Std. Error	Beta			Tolerance	VIF
(Constant)	0.360	0.288		1.251	0.212		
OC	0.015	0.010	0.060	1.471	0.142	0.898	1.114
Expense	0.308	0.176	0.080	1.751	0.081	0.716	1.396
FCF	0.219	0.116	0.075	1.883	0.060	0.922	1.084
Lev	−0.165	0.064	−0.111	−2.586	0.010	0.797	1.254
Size	−0.024	0.012	−0.088	−1.908	0.057	0.693	1.443
Top	0.001	0.001	0.053	1.305	0.192	0.896	1.116
Board	0.021	0.008	0.117	2.510	0.012	0.682	1.467
Inde	0.340	0.253	0.060	1.341	0.180	0.752	1.330
Stata	0.026	0.026	0.042	1.035	0.301	0.893	1.120

注：因变量：非效率投资。

从表 6.22—表 6.24 的回归结果中可以看出，方程拟合优度调整 R^2 为 25.1%，F 值为 7.516，Sig. 值小于 0.01，说明回归方程总体成立，表 6.24 中各变量的方差膨胀因子 VIF 值均在 1.5 以下，排除变量间存在共线性问题的可能。

在表 6.24 中可以看到，企业在衰退期，管理者过度自信与企业非效率投资的正相关关系并没有通过 0.1 水平的显著性检验，两者关系无法得到充分证实，即没有充分证据表明衰退期管理者过度自信会对企业非效率投资产生影响；而衰退期管理者代理行为与企业非效率投资正相关，偏回归系数为 0.308，但也仅通过 0.1 水平的显著性检验，未能通过 0.05 显著性水平的统计检验。所以可以判断企业在衰退期，非效率投资主要由管理者代理行为所导致，从而验证了本书提出的假设六。

其他变量中，股权集中度、独立董事比例和股权性质三个变量与企业非效率投资没有显著相关关系，资产负债率与企业非效率投资显著负相关，偏回归系数为 −0.165，通过 0.05 显著性水平的检验；董事会规模也通过 0.05 显著性水平的检验，但与企业非效率投资正相关，偏回归系数为 0.021；自由现金流和企业规模与非效率投资在 0.1 的显著性水平下相关，偏回归系数分别为 0.219

和 −0.024。

通过对总样本和企业生命周期不同阶段分样本数据的回归结果的分析，可以总结出两个问题：第一，本书提出的企业非效率投资动态形成机理的假设基本得到验证，但在管理者代理行为和管理者过度自信与企业非效率投资的相关性方面仅能通过显著性 0.1 的检验，均未通过 0.05 显著性水平的验证，结论不够谨慎。这可能是由于模型中存在内生性问题导致模拟结果的偏误，还需要进一步对模型内生性进行检验，以得到稳定的结论。第二，在各样本回归分析结果中，控制变量与企业非效率投资相关性的方向比较稳定，但与非效率投资相关的显著性并不稳定，即除自由现金流和董事会规模与非效率投资的正相关性基本稳定外，其他控制变量在某一阶段与非效率投资存在显著相关性，而在其他阶段这种相关性就会变得不够显著。这个问题在一定程度上也反映出公司治理特征并不一定在生命周期所有阶段都能对企业非效率投资产生影响或起到作用，企业生命周期不同阶段，管理者行为不同，企业战略不同，组织特征也不同，势必对公司治理的有效性产生动态的影响，这也为本书提出治理企业非效率投资策略的研究提供了思路和方向。在企业生命周期各阶段，非效率投资产生的原因存在动态变化，非效率投资的治理途径也应存在差异。

6.5 实证检验结论

通过实证研究可以得出如下的研究结论：

企业中非效率投资、管理者代理行为和管理者过度自信均普遍存在，个别企业情况还比较严重。管理者代理行为和管理者过度自信都会导致企业非效率投资。上市公司管理者代理行为随企业生命周期阶段的发展逐渐加强；但管理者过度自信程度却随之减弱，成长期阶段与成熟期阶段管理者过度自信水平无显著性差异，但显著高于衰退期管理者过度自信水平。管理者代理行为和管理者过度自信共同导致企业非效率投资，在企业生命周期不同阶段却存在差异性：成长期阶段的企业非效率投资主要受管理者过度自信的显著影响，成熟期阶段的企业非效率投资受管理者代理行为和管理者过度自信的共同影响，衰退期阶段的企业非效率投资主要受管理者代理行为的显著影响，成熟期管理者代理行为较管理者过度自信对企业非效率投资的影响作用略强。

6.6 本章小结

本章重点运用统计分析法通过上市公司数据对研究假设进行检验。用Dickinson 现金流组合分类法界定样本企业所处企业生命周期具体阶段；运用描述性统计方法对各主要变量进行简单分析；用多元回归方法检验了管理者代理行为和过度自信对企业非效率投资的独立影响以验证假设一和假设二的成立；用单因素方差分析法对管理者代理行为和过度自信的动态变化进行检验以验证假设三；最后利用总样本数据和分组样本数据，采用多元线性回归方法分析各阶段管理者行为对非效率投资的影响，以验证假设四、假设五和假设六。研究假设基本得到证实，假设四、假设五和假设六的检验显著性不高，还需对这三个假设进行内生性检验和稳健性检验以得出最终的严谨结论。

第7章 稳健性检验

通过上一章的实证研究，初步得出管理者代理行为和管理者过度自信对企业非效率投资共同影响的结论，并可对企业生命周期各阶段企业非效率投资的动态形成机理进行证明和解释。为了验证研究结论的稳健性，本章首先进行了控制内生性的稳健性检验，之后分别对管理者代理行为指标和管理者过度自信指标进行替换，对研究结论进行检验。

7.1 内生性检验

管理者过度自信是一种心理认知偏差，可能会受到诸多潜在因素的影响，为了控制模型中管理者过度自信对企业非效率投资影响的内生性，选取可持续增长率作为工具变量，采用两阶段最小二乘法进行回归分析。

7.1.1 工具变量选择的有效性

工具变量的选取应满足两个原则：一是工具变量与内生变量应具有较强的相关性，二是工具变量与模型残差（被解释变量的随机误差项）不应具有相关性。本书选取可持续增长率作为管理者过度自信的工具变量，其选择的理论依据已在 5.2.6 工具变量的选取中进行了解释和说明，这里不再赘述。对可持续增长率、管理者过度自信和总样本模型（5.7）OLS 回归残差进行了相关分析，结果如表 7.1 所示。

表 7.1 相关系数表

Tab. 7.1 Correlation coefficient table

		可持续增长率	OC	Standardized Residual
可持续增长率	Pearson 相关性	1		
	显著性（双侧）			
	N	1387		
OC	Pearson 相关性	0.063*	1	
	显著性（双侧）	0.019		
	N	1387	1387	
Standardized Residual	Pearson 相关性	0.010	0.000	1
	显著性（双侧）	0.710	1.000	
	N	1387	1387	1387

注：* 表示在 0.05 水平（双侧）上显著相关。

通过相关系数的检验可以看出，可持续增长率与管理者过度自信的相关系数为 0.063，且通过 0.05 水平的显著性检验；而可持续增长率与残差的相关系数虽为 0.010，但 P 值为 0.710，未通过 0.1 水平的显著性检验。即工具变量（可持续增长率）与内生性变量（管理者过度自信）相关性较高，而与被解释变量（非效率投资）的随机误差项残差的相关性较低。因此，选用可持续增长率作为管理者过度自信的工具变量符合要求。

7.1.2 Hausman 内生性检验

首先将管理者过度自信对工具变量（可持续增长率）和所有外生变量做回归分析，提取残差 ZRE-SGR，然后将残差加入到模型（5.7）中再做回归分析，观察残差显著性。若残差 ZRE-SGR 的系数显著则说明存在内生性，如果不显著则说明不存在内生性。Hausman 检验结果如表 7.2 所示。

表 7.2 Hausman 内生性检验结果

Tab. 7.2 Result of Hausman endogeneity test

变量	残差系数	标准误差	t 值	P 值
ZRE-SGR	0.035***	0.011	3.126	0.002

注：*** 表示在 0.01 水平（双侧）上显著相关。

由表 7.2 可以看出，残差 ZRE-SGR 的系数为 0.035，且通过显著性水平 0.01 的统计检验，可以判断模型（5.7）存在一定的内生性。

7.1.3 两阶段最小二乘法回归

第一阶段用所有的外生变量和工具变量对管理者过度自信进行回归，提取管理者过度自信变量的拟合值；第二阶段用拟合值替代模型（5.7）中的内生解释变量进行回归分析。

分析包括总样本数据回归和企业生命周期三个不同阶段子样本数据回归，结果如表 7.3 所示。

表 7.3　控制内生性的稳健性检验结果

Tab. 7.3 Result of robustness test of controlling endogeneity

	全样本（1）	成长期（2）	成熟期（3）	衰退期（4）
常量	0.030	0.361	-0.393	0.190
	(0.105)	(0.466)	(-0.762)	(0.654)
OC	0.027***	0.032*	0.025**	0.012
	(3.155)	(1.715)	(2.106)	(1.265)
Expense	0.544***	0.474	0.797**	0.371**
	(3.294)	(1.514)	(2.117)	(2.118)
FCF	0.200**	0.381*	0.543***	0.249**
	(2.112)	(1.861)	(3.502)	(2.151)
Lev	-0.130**	-0.220	-0.264***	-0.157**
	(-2.054)	(-1.448)	(-2.716)	(-2.495)
Size	-0.013	-0.028	-0.008	-0.017
	(-1.067)	(-1.084)	(-0.396)	(-1.367)
TOP	0.001	0.001	0.002*	0.001*
	(1.399)	(0.685)	(1.755)	(1.654)
Board	0.026***	0.028*	0.029**	0.018**
	(3.510)	(1.774)	(2.462)	(2.228)
Inde	0.210	-0.135	0.635*	0.329
	(0.941)	(-0.286)	(1.725)	(1.312)
State	0.040	0.073	0.036	0.024
	(1.633)	(1.425)	(0.899)	(0.956)
Year	控制	控制	控制	控制
Industry	控制	控制	控制	控制

续表

	全样本（1）	成长期（2）	成熟期（3）	衰退期（4）
调整 R^2	0.148	0.129	0.221	0.266
F	9.942	4.055	4.625	7.783
N	1387	560	320	507

注：***、** 和 * 分别表示 1%，5% 和 10% 的显著性水平，括号中的数字为 t 值。

第（1）列为总样本回归结果，可以看出管理者代理行为和管理者过度自信与企业非效率投资均正相关，均通过 0.01 水平的显著性检验。

第（2）（3）（4）列分别为企业成长期、成熟期和衰退期分组样本的回归结果，可以看出企业在成长期阶段，管理者过度自信与企业非效率投资正相关，偏回归系数为 0.032，且通过 0.05 显著性水平的检验，而管理者代理行为与企业非效率投资正相关关系不显著，因此可以得出在成长期企业非效率投资主要由管理者过度自信所导致的结论，进而验证了假设四的成立。

企业在成熟期阶段，管理者过度自信、代理行为与企业非效率投资均正相关，偏回归系数分别为 0.025 和 0.797，且都通过 0.05 水平的显著性检验，可见在成熟期，企业非效率投资由管理者代理行为和过度自信共同导致，假设五得到验证。成熟期样本数据回归方程参数结果如表 7.4 所示。表 7.4 中管理者代理行为和过度自信与企业非效率投资的标准回归系数分别为 0.135 和 0.112，表示在成熟期管理者代理行为较过度自信对企业非效率投资的影响更强。

表 7.4　成熟期样本回归方程系数表（内生性）

Tab. 7.4 Coefficients tables of regression equation of the sample in period of maturity(endogeneity)

Model	Unstandardized Coefficients		Standardized Coefficients	t	Sig.	Collinearity Statistics	
	B	Std. Error	Beta			Tolerance	VIF
(Constant)	−0.393	0.516		−0.762	0.447		
OC	0.025	0.012	0.112	2.106	0.036	0.860	1.163
Expense	0.797	0.377	0.135	2.117	0.035	0.600	1.666
FCF	0.543	0.155	0.188	3.502	0.001	0.847	1.180
Lev	−0.264	0.097	−0.162	−2.716	0.007	0.687	1.455
Size	−0.008	0.020	−0.026	−0.396	0.692	0.573	1.746
Top	0.002	0.001	0.097	1.755	0.080	0.806	1.241

续表

Model	Unstandardized Coefficients		Standardized Coefficients	t	Sig.	Collinearity Statistics	
	B	Std. Error	Beta			Tolerance	VIF
Board	0.029	0.012	0.150	2.462	0.014	0.657	1.522
Inde	0.635	0.368	0.101	1.725	0.086	0.714	1.400
Stata	0.036	0.040	0.051	0.899	0.370	0.766	1.305

注：因变量：非效率投资。

企业在衰退期阶段，以0.05水平进行显著性检验，发现管理者代理行为与企业非效率投资为正相关关系，相关系数为0.371，管理者过度自信与非效率投资的相关性不显著，因此可以得出衰退期企业非效率投资主要由管理者代理行为所导致的结论，假设六得到验证。

对于其他变量的回归情况，可以看出不论是总样本还是各阶段的子样本自由现金流、资产负债率、董事会规模均与非效率投资存在显著的相关性；股权集中度在总体样本中未体现出相关性，但在各阶段子样本中均能在0.1显著性水平下与非效率投资正相关；独立董事比例仅在成长期和成熟期与企业非效率投资相关。

从控制内生性的两阶段最小二乘法结果回归来看，总样本和各阶段子样本的回归结果与之前得到的结果相同，对本书提出各假设的验证得到了稳定的结论，且在企业生命周期各个阶段管理者代理行为和管理者过度自信对企业非效率投资的影响均更加显著。内生性检验中各回归结果的F值和拟合优度均好于之前的回归结果，控制变量与非效率投资的相关性也较之前的检验更加显著。因此，研究结果稳健。

7.2 变换变量

7.2.1 管理者代理行为

本书借鉴李云鹤（2012）的做法，使用资产周转率（Turnover）作为管理费用率的替代变量，来验证研究结论的稳健性。资产周转率是反映企业经营效率的重要指标，可以从产出角度对管理者的低效经营等代理成本进行度量。

分析包括总样本数据回归和企业生命周期三个不同阶段子样本数据回归，结果如表 7.5 所示。

表 7.5 变换管理者代理行为变量的稳健性检验结果

Tab. 7.5 Result of robustness test on substituting the variable of managerial agency

	总样本（1）	成长期（2）	成熟期（3）	衰退期（4）
常量	0.410	0.572	0.587	0.380
	（1.475）	（0.775）	（1.154）	（1.394）
OC	0.031***	0.038**	0.028**	0.015
	（3.599）	（2.058）	（2.183）	（1.577）
Turnover	−0.087***	−0.079	−0.080**	−0.069**
	（−3.368）	（−1.397）	（−2.014）	（−2.532）
FCF	0.197**	0.402**	0.449***	0.203*
	（2.122）	（2.010）	（2.764）	（1.803）
Lev	−0.185***	−0.331**	−0.218**	−0.178***
	（−2.956）	（−2.213）	（−2.089）	（−2.929）
Size	−0.023**	−0.033	−0.039*	−0.020*
	（−2.018）	（−1.352）	（−1.917）	（−1.667）
TOP	0.001**	0.003*	0.001	0.001*
	（2.114）	（1.752）	（1.286）	（1.718）
Board	0.026***	0.027*	0.027**	0.018**
	（3.479）	（1.730）	（2.139）	（2.237）
Inde	0.270	0.104	0.459	0.270
	（1.197）	（0.727）	（1.173）	（1.112）
State	0.030	0.038	0.045	0.031
	（1.227）	（0.757）	（1.051）	（1.228）
Year	控制	控制	控制	控制
Industry	控制	控制	控制	控制
调整 R^2	0.161	0.142	0.179	0.314
F	10.476	4.283	3.687	9.238
N	1336	538	310	488

注：***、** 和 ** 分别表示 1%、5% 和 10% 的显著性水平，括号中的数字为 t 值。

成熟期样本数据回归方程参数结果如表 7.6 所示。

表 7.6 成熟期样本回归方程系数表（资产周转率稳健性检验）

Tab. 7.6 Coefficients tables of regression equation of the sample in period of maturity

Model	Unstandardized Coefficients		Standardized Coefficients	t	Sig.	Collinearity Statistics	
	B	Std. Error	Beta			Tolerance	VIF
（Constant）	0.587	0.509		1.154	0.249		
OC	0.028	0.013	0.112	2.183	0.030	0.861	1.162
Turnover	−0.080	0.040	−0.120	−2.014	0.045	0.744	1.345
FCF	0.449	0.162	0.155	2.764	0.006	0.843	1.186
Lev	−0.218	0.104	−0.132	−2.089	0.038	0.662	1.510
Size	−0.039	0.020	−0.129	−1.917	0.056	0.591	1.691
Top	0.001	0.001	0.074	1.286	0.199	0.804	1.244
Board	0.027	0.013	0.136	2.139	0.033	0.657	1.523
Inde	0.459	0.392	0.071	1.173	0.242	0.719	1.390
Stata	0.045	0.042	0.062	1.051	0.294	0.767	1.304

注：因变量：非效率投资。

表 7.5 中第（1）列为总样本回归结果，可以看出管理者过度自信与企业非效率投资正相关，且通过 0.01 水平的显著性检验；管理者代理行为与企业非效率投资负相关，也通过了 0.01 水平的显著性检验，以资产周转率表示的管理者代理行为和以管理费用率表示的管理者代理行为存在相反的相关性，是因为资产周转率指标的方向性，该指标越低表示企业管理者代理行为越严重，所以得到的研究结论与之前的吻合。

第（2）（3）（4）列分别为企业成长期、成熟期和衰退期分组样本的回归结果。

企业在成长期阶段，管理者过度自信与企业非效率投资正相关，偏回归系数为 0.038，且通过 0.05 显著性水平的检验，而管理者代理行为与企业非效率投资正相关关系依然不显著。

企业在成熟期阶段，管理者过度自信与企业非效率投资正相关，偏回归系数为 0.028，且通过 0.05 水平的显著性检验；管理者代理行为与企业非效率投资负相关，偏回归系数为 −0.080，且通过 0.05 水平的显著性检验，可见在成熟期，企业非效率投资由管理者代理行为和过度自信共同导致。表 7.6 中管理者代理行为和管理者过度自信与企业非效率投资的标准回归系数分别为 -0.120 和 0.112，同样表示在成熟期管理者代理行为对企业非效率投资的影响较过度自信对非效率投资的影响更强。

企业在衰退期阶段，管理者过度自信与企业非效率投资正相关关系不显著，而管理者代理行为与企业非效率投资负相关，偏回归系数为 -0.069，且通过 0.05 显著性水平的检验。

通过分析可以看出，在选取不同变量表示管理者代理行为时，实证研究结果是稳健的。

7.2.2 管理者过度自信

由于管理者过度自信度量的方法不存在一致公认的客观标准，而本书选用的自利归因度量法是对盈利预测变动原因进行文字分析得出的，所以稳健性检验中不再使用余明桂（2006）盈利预测偏差法，而是选用姜付秀（2009）高管相对薪酬法对过度自信进行重新度量。检验结果如表 7.7 所示。

表 7.7 变换管理者过度自信变量的稳健性检验结果

Tab. 7.7 Result of robustness test on substituting the variable of managerial overconfidence

	全样本（1）	成长期（2）	成熟期（3）	衰退期（4）
常量	0.052	0.525	-0.538	0.124
	（0.181）	（0.744）	（-0.952）	（0.388）
OC	0.231**	0.487**	0.340**	0.116
	（2.556）	（2.326）	（2.331）	（1.116）
Expense	0.568***	0.570	0.775**	0.337**
	（3.415）	（1.547）	（1.977）	（1.972）
FCF	0.228***	0.325*	0.614***	0.232**
	（2.760）	（1.838）	（4.053）	（2.044）
Lev	-0.153***	-0.276**	-0.247**	-0.157***
	（-2.727）	（-2.131）	（-2.456）	（-2.595）
Size	-0.013	-0.026	-0.002	-0.016
	（-1.235）	（-1.136）	（-0.103）	（-1.287）
TOP	0.001**	0.002*	0.001	0.001*
	（2.300）	（1.730）	（1.184）	（1.673）

续表

	全样本（1）	成长期（2）	成熟期（3）	衰退期（4）
Board	0.019***	0.011	0.023*	0.020***
	（2.807）	（0.789）	（1.825）	（2.623）
Inde	0.139	-0.279	0.364	0.277
	（0.683）	（-0.675）	（0.948）	（1.162）
State	0.054**	0.098**	0.087**	0.018
	（2.475）	（2.198）	（2.072）	（0.732）
Year	控制	控制	控制	控制
Industry	控制	控制	控制	控制
调整 R2	0.160	0.147	0.196	0.272
F	10.142	4.191	4.076	7.669
N	1301	503	316	482

注：***、** 和 * 分别表示 1%、5% 和 10% 的显著性水平，括号中的数字为 t 值。

成熟期样本数据回归方程参数结果如表 7.8 所示。

表 7.8　成熟期样本回归方程系数表（高管相对薪酬稳健性检验）

Tab. 7.8 Coefficients tables of regression equation of the sample in period of maturity

Model	Unstandardized Coefficients		Standardized Coefficients	t	Sig.	Collinearity Statistics	
	B	Std. Error	Beta			Tolerance	VIF
（Constant）	-0.538	0.565		-0.952	0.342		
OC	0.340	0.146	0.104	2.331	0.020	0.775	1.290
Turnover	0.775	0.392	0.128	1.977	0.049	0.607	1.649
FCF	0.614	0.151	0.220	4.053	0.000	0.866	1.155
Lev	-0.247	0.101	-0.148	-2.456	0.015	0.700	1.429
Size	-0.002	0.021	-0.007	-0.103	0.918	0.547	1.828
Top	0.001	0.001	0.067	1.184	0.237	0.789	1.268
Board	0.023	0.012	0.114	1.825	0.069	0.650	1.539
Inde	0.364	0.384	0.057	0.948	0.344	0.702	1.424
Stata	0.087	0.042	0.122	2.072	0.039	0.741	1.349

注：因变量：非效率投资。

从表 7.7 和表 7.8 显示的结果同样可以得出与之前研究相同的结论，结论未受到管理者过度自信变量替换的影响，进一步表明实证研究结论的稳定性和可靠性。

7.3 本章小结

本章针对假设四、假设五和假设六的回归结果进行了内生性检验和稳健性检验。选取可持续增长率作为工具变量，进行 Hausman 检验，结果显示模型存在一定的内生性，故选用两阶段最小二乘法对模型进行回归分析，得到了更准确的结论，也验证了假设四、假设五和假设六的成立。同时分别用资产周转率代替管理费用率、用高管相对薪酬法对过度自信进行重新度量，对模型和研究结果进行稳健性检验，得到趋于一致的结论，从而有效地验证了本书第 4 章提出的理论假设，为管理者行为对企业非效率投资的动态综合影响机理提供了充分的经验证据。

第8章 诱发非效率投资的管理者行为约束策略研究

对企业非效率投资的治理可以通过形成“不敢、不能、不想”的有效约束机制来实现。不敢、不能、不想，循序渐进，既是路径考虑，也是规律使然。

强调不敢非效率投资，侧重对管理者实施严格的监督和有效的激励，重点预防和控制管理者追求私利的动机，让管理者不敢牺牲股东利益。管理者代理行为和管理者过度自信都会导致企业非效率投资，在企业生命周期不同阶段，诱发非效率投资的管理者行为存在差异。成长期，企业非效率投资主要由管理者过度自信所导致；成熟期，企业非效率投资由管理者代理行为和管理者过度自信共同导致；衰退期，企业非效率投资主要由管理者代理行为所导致。因此在企业生命周期不同阶段，要对非效率投资实施有效的治理，就要对管理者实施动态变化的监督和激励。

强调不能非效率投资，侧重对非效率投资的必要资源条件——自由现金流进行控制，让管理者在接受监督的同时没有机会和条件进行非效率投资。

强调不想非效率投资，侧重对管理者加强引导和学习教育，通过构建管理者社会网络纠正管理者认知偏差，使管理者在投资决策中趋于理性。

8.1 建立动态治理机制以应对管理者行为变化

公司治理是与企业形成契约关系的利益相关者间相互制衡的制度安排，其核心目的就是为了保证公司能够进行科学的决策。企业生命周期不同阶段管理者代理行为和管理者过度自信均存在一定程度的波动差异，并对非效率投资产生不同的影响。

企业公司治理结构只有根据生命周期不同阶段非效率投资的管理者行为诱因进行调整，对管理者代理行为和管理者过度自信实施动态制约，才能得到约束管理者行为的有效方法，才能达到对非效率投资精准治理的效果和目的。

（1）成长期管理者行为治理

成长期阶段，管理者过度自信程度较高，企业代理问题初现，企业非效率投资主要由管理者代理行为所导致。因此此阶段对于管理者行为的治理应以修正管理者过度自信的认知偏差为主，同时要建立健全对管理者代理行为的约束机制。

对管理者过度自信行为的治理包括内因修正和外因约束两方面。

内因修正主要是强化管理者学习，修正自身的认知偏差。长期来看，企业可以在适度的区域或行业范围内构建管理者社会网络加强管理者间的信息交流，提供管理者深造学习的机会，加强其职业技能；短期来看，可促进管理者业内培训调研，学习龙头企业成功管理经验。这些举措均可在一定程度上通过管理者的学习对自身认知偏差起到修正作用，进而帮助管理者趋于理性的思考和决策。

外因约束主要从公司治理角度强化对管理者的监督，抑制其过度自信行为。首先要做到董事长与总经理两职分离。管家理论认为过度自信的管理者往往与所有者间没有利益冲突，他们是所有者忠诚的管家。一方面，两职合一会扩大管理者的权力，使管理者拥有较大的自由裁量权，这种权力的赋予既会被管理者理解为所有者对其绝对信任而助长其过度自信的心理偏差，同时也会为管理者代理行为提供便利的条件；另一方面，两职合一会弱化董事会对管理者的监督和制衡，不能及时地纠正管理者决策的判断偏差，甚至对管理者决策监督完全失效，从而加大管理者过度自信程度。目前，我国企业董事长和总经理两职合一的情况极为普遍，这一公司治理问题需要迫切解决。强调两职分离会加强董事会的独立性，能及时发现并纠正管理者因过度自信而进行的非理性决策，有利于保护股东权益。其次，提高董事会中独立董事人数比例。董事重要的职能之一就是监督，而独立董事的监督职能更具有客观性和独立性，独立董事可以更客观地对待企业投资行为，对企业资产配资和战略决策发表客观的建设性意见。相对而言，独立董事比例越大，越能提高独立董事的独立性，对管理者过度自信行为的约束越有效。

企业在成长期阶段实施管理者股权激励没有完全的必要，因为此时管理者与所有者的代理冲突并不明显，此阶段对于管理者代理行为应以约束为主，通过建立健全公司治理结构起到一定的约束效果，没有必要通过股权转让对管理者代理行为实施激励。而股权激励对于管理者过度自信的约束意义同样不大，因为过度自信的管理者认为自己是所有者的管家，股权激励起到的只是肯定管理者能力的作用，无法起到激励的效果。

（2）成熟期管理者行为治理

成熟期管理者过度自信程度依然较高，而企业代理问题更加凸显，两者均对企业非效率投资产生影响。因此成熟期阶段针对管理者行为的治理安排最为复杂，除对管理者过度自信行为进行持续有效的控制外，还要对管理者代理行为实施有效的激励和约束机制。

第一，企业应实施有效的期权激励方案。有效的股权激励可以改变管理者的身份，让其成为企业小股东，这样可以使管理者和所有者的利益在一定程度上趋同，进而达到降低代理成本的目的。但值得关注的是，在激励管理者的同时，股权激励和薪酬制度的设计也会影响到管理者的权力。薪酬越高，股权激励越多，管理者越易产生过度自信的心理偏差。也正因如此，一些学者采用高管相对薪酬作为其过度自信的度量。因此股权激励和薪酬制度的实施可以约束管理者代理行为，但却同时会引发更严重的管理者过度自信心理偏差。

第二，适度扩大董事会规模，提高其有效性。成熟期企业发展迅速，组织结构也最复杂，多元化程度较高，公司层级达到最大化，此时扩大董事会规模可以满足充分监督和科学决策的要求。依据资源依赖理论，董事会的规模能够反映企业与外部环境相联系以获取关键资源的能力。不同学历背景的董事在投资决策中可以形成优势互补，能有效地应对外部环境的不确定性，降低公司经营风险，提高对管理层行为决策的监督能力，保障决策质量，从而更好地发挥咨询作用。因此董事会规模的适度扩大将增强董事会对管理者代理行为的监督，同时也可以约束管理者因过度自信而进行的非理性投资。但董事会发挥上述作用的根本还不仅在于数量上的扩大，还要在扩大董事会规模的同时注重其董事结构及其有效性。因此，企业应多寻求新的拥有新增领域专业知识的外部董事，以满足公司更多决策监督和决策咨询的需要。

第三，企业要充分利用外部管理者市场约束管理者行为。对管理者的考核可以综合多方面的事后评估，如对比投资汇报和预期、企业股价波动的市场反应，甚至是证券分析师预测等方法，并将考核情况作为管理者续任的重要审核依据。这样在有效约束管理者代理行为的同时也可适度控制管理者的过度自信。同样在董事会中也要营造良好的竞争环境，对董事会成员参与监督、决策积极性差、有“搭便车”现象的董事进行调整和重新选择。

在成熟期阶段，管理者社会网络不仅能为管理者提供持续、更多的学习机会和资源，还能为建立管理者声誉机制提供平台和条件，从而有效约束管理者代理行为和过度自信行为。

（3）衰退期管理者行为治理

衰退期，企业面临重重困难，企业管理和绩效日益低下，或面临被收购的可能，代理问题更加突出，管理者变动更加理性，其过度自信程度明显降低。在此阶段，企业非效率投资主要由管理者代理行为所导致，管理层会出于职业防御的考虑进行多元化的投资战略，同时防止被收购的可能。因此此阶段管理者行为的治理应以约束管理者代理行为为主。

第一，强化大股东的监督作用。大股东对管理者的监督是缓解管理者与所有者间代理问题的重要方式。在衰退期，有些小股东会撤出企业，企业经营状况不佳，这都在一定程度上缓解了大股东与中小股东的代理问题，此时企业也没有更多的利益供大股东“挖掘”，为了企业能够健康持续地发展，大股东必须承担监督管理者的责任，可以通过向管理层提交议案、与管理层协商谈判等多种方式实施有效的监督。大股东的监督能够有效地提高管理层变更的概率，能够抑制管理层的不合理投资动机。

第二，寻求外部资本和机构投资者的引入。机构投资者如果持有较多的公司股份，就会有动力对管理者实施监督，且较其他股东而言，机构投资者被普遍认为具有较强的监督作用，机构投资者能以较低的成本拥有职业分析师团队，拥有较多高水平的专业人才，因而拥有更多的信息、人才优势、资源优势和丰富的经验，有着较强的收集和处理信息的能力，能够缓解股权分散导致的小股东“搭便车”问题。在衰退期引入机构投资者并非易事，但企业大股东可以考虑通过资产重组等方式，寻求外部资本的进入，对企业股权进行调整，以达到同时引入机构投资者的目的，让机构投资者积极参与企业公司治理，对管理者实施有效的监督。

8.2 建立条件约束机制以控制管理者决策资源

企业非效率投资包括过度投资和投资不足，我国企业非效率投资的特点表现为：数量上，投资不足企业占比较大；质量上，企业过度投资的程度却更严重。主观上管理者行为模式对非效率投资产生重要影响，而非效率投资同时也会受到客观资源条件的约束，这个资源条件就是“自由现金流”。Jensen 提出“自由现金流量”假说，他把自由现金流定义为企业投资完所有净现值大于零的项目后所剩下的那部分现金流。在由管理者代理行为引发或由管理者过度自信引发的非效率投资中，只要企业自由现金流充盈就会为过度投资提供便利条件，相反，企业自由现金流短缺就会在某种程度上造成投资不足。因此，对于企业非效率投资的治理可以根据企业具体情况，考虑资源约束条件对现金流进行适当的控制，进而达到治理非效率投资的目的。

控制企业自由现金流可以从以下两点入手：第一，通过股利政策来调整企业自由现金流。当企业资金富足，可以考虑向股东进行分红，在实现股东利益最大化的同时也能提高企业资金使用效率，防止过多的现金流给管理者滥用的机会；当企业资金短缺时可以减少对股东分红或不分红，通过内源融资节约资金成本，提高投资效率。第二，充分利用财务杠杆通过负债达到治理的效果。一方面，企业负债经营必然面对到期还本付息的压力，这在一定程度上会对企业自由现金流的使用加以控制，管理者会在使用自由现金流投资之前考虑债务清偿问题，这就减少了管理者非效率投资的必要资源条件；另一个方面，企业负债经营，特别是随着企业负债的增加，债权人会强化对资金使用用途的限制和监管，对管理者起到一定的监督作用。

8.3 建立学习行为机制以修正管理者认知偏差

过度自信是人们在认知与决策过程中普遍表现出的一种认知偏差。认知心理学理论认为，人们的最优决策依赖于对所储备知识和所掌握信息的加工补充，因为知识的储备和信息的掌握不能完全充分和确定，这也使得人们在分析、判断复杂信息和知识时，不可避免地产生与实际不符的情况，产生认知偏差。

过去的工作经历会引发管理者过度自信，而经验的积累却能弱化管理者过度自信，使管理者更加趋于理性。经历和经验是不同的概念，经历仅是过去亲身做过的事情，在自利归因行为的诱导下使管理者更加过度自信；而经验则不同，经验来源于对过去经历的总结、反思和学习，当事人对过去经历事情的总结和学习，得到的反馈才能是经验，因此善于总结经验的管理者会更加理性，能在未来的决策中做出较以往更加客观和准确的投资决策。因此，管理者过度自信心理偏差修正的最佳方法就是自我学习，只有管理者加强学习，对自身的能力和知识进行反复的重新认识，才能使管理者在工作决策中更加趋于理性、客观。这一观点也可以从行为学习理论中得到支持。

通常情况下，管理者从事某一职业工作时间的长短可以用来度量经验的多少，但这种方法的局限在于未考虑管理者的个体差异，认为相同的工作时间管理者的经验是相同的，这明显不合适。然而，构建管理者社会网络可以解决这一问题。管理者可以通过社会网络获取知识，增长更多的经验，获得更有价值、更为可靠、更独特，甚至更少冗余的信息和资源，管理者社会网络能为管理者提供广泛的学习资源和机会。

社会网络是一组行动者及连接他们的各种关系的集合。镶嵌理论为网络内行动者在动态中的相互影响提供了理论依据。处于社会网络中的行动者一方面保留了个人自由意志，依据自身的认知和判断做出决策，另一方面通过与社会网络中其他行动者的信息交流改变和提升自身的认知能力，修正认知偏差，在这个反复变化的动态过程中实现对管理者过度自信行为的制约。结构洞理论则强调稠密网络中每个行动者获得信息基本相同，且存在大量冗余信息，而充满结构洞的稀疏网络就会根据网络位置不同产生大量的异质性信息，处于结构洞地带的行动者凭借其主导地位可以获得更多的优势信息。社会资本理论认为社会网络中镶嵌着包含战略资源、知识信息、声誉等社会资本，战略位置不同获得的社会资源也存在差异。

将管理者镶嵌于社会网络中，构建出管理者社会网络，它是社会网络的一种，由多个企业管理者团队间的关系组成，具体是指同时在两家及以上企业兼任的管理者间形成的联结关系，它具有社会网络的各种特性。通过构建管理者社会网络，管理者可以利用其在网络中的关系强度和网络结构来获取信息和资源，进而实现管理者学习，达到修正管理者过度自信的目的。

管理者社会网络对管理者过度自信行为不仅具有一定的抑制和补偿作用，更重要的是能够通过网络间经验的学习提升管理者的认知能力。抑制作用作用于管理者过度自信行为发生之前，表现为社会网络可以为管理者提供更多高质量的信息，使管理者的认知和理解更加符合客观实际，修正管理者的认知偏差；补偿作用则作用于管理者过度自信行为发生之后，表现为社会网络提供各种资源可以对经营过程中的风险起到一定的化解作用。同时，管理者社会网络通过提供多渠道的知识链接为管理者提供新知识和新信息，通过提高管理者认知水平降低过度自信程度，提升其理性判断和决策能力。

然而处在管理者社会网络中不同位置的管理者所得到的信息、资源和学习条件不尽相同。弱联结优势理论指出弱联结比强联结具有更好的信息传递效果，管理者如能处于社会网络的中心位置就能拥有更多优势，与其他位置的成员建立信息和资源的沟通渠道，更利于知识的获得、分享和传播。同样社会网络分析发现网络中心性高的管理者，可以获得更多的信息，掌握更多的资源，得到更多的学习机会。

管理者网络程度中心度和管理者网络中介中心度两个指标可以反映管理

者在其社会网络中的位置。一方面，管理者网络程度中心性越高，拥有的信息渠道越丰富，越能获得更有参考价值的决策信息和知识；管理者网络程度中心性越高，也会为网络中其他管理者提供更多的经验和决策案例，管理者为稳固其网络程度中心性，自然在做出决策时会迫于外界环境而更理性，降低了过度自信程度。因此，管理者网络程度中心度越高，管理者过度自信程度越低。另一方面，在管理者网络中，不同的团体间通过“信息桥”链接在一起，能起到“信息桥”作用的管理者其网络中介中心度就越高，显然中介中心度高的管理者能获得不同团体间交流互动的信息和意见，自然其所掌握的学习资源和信息就更多更有效，对于自身提升认知能力、修正过度自信帮助更大。因此，管理者网络中介中心度越高，管理者过度自信程度越低。

企业生命周期不同阶段管理者过度自信程度有下降的趋势，但企业处于生命周期某一具体阶段的时间可能很长，过度自信或长期作用于管理者的决策行为，为了约束管理者过度自信，企业应积极促进管理者网络的组织构建和参与，管理者融入社会网络的时间越长，发挥的作用越明显，管理者借助于企业的发展和在行业中的市场地位，可以获得更有利的社会网络位置，提高其网络程度中心性和中介中心性，这样可以获取更多的信息资源和学习机会，从而更能反作用于管理者自身过度自信心理偏差的修正，起到良性循环的作用。

8.4 本章小结

本章依据实证研究结论中企业生命周期不同阶段非效率投资的具体管理者行为诱因，对约束管理者行为、治理非效率投资提出针对性的策略建议。从“不敢、不能、不想”的规律出发，构建有效的约束机制和路径。强调不敢非效率投资，侧重建立动态治理机制以应对管理者行为变化；强调不能非效率投资，侧重建立条件约束机制以控制管理者决策资源；强调不想非效率投资，侧重建立学习行为机制以修正管理者认知偏差。

第9章 结论

9.1 研究结论

针对我国企业普遍存在非效率投资的客观事实，以及企业投资决策中管理者的权利地位和作用，本书立论于企业生命周期视角下管理者代理行为和管理者过度自信对企业非效率投资的影响。将管理者理性假设和非理性假设两种范式相结合，剖析企业生命周期不同阶段管理者代理行为和管理者过度自信对企业非效率投资的影响机理，为纠正并拓展企业非效率投资成因的传统静态片面研究成果提供重要的理论依据；应用上市公司数据进行实证检验，根据实证检验结果即生命周期不同阶段企业非效率投资的管理者行为诱因，提出约束管理者行为、治理非效率投资的对策建议，为决策管理部门制定规范约束管理者行为制度提供依据，帮助企业从管理者心理特征和行为特征入手实施动态公司治理，也为管理者自身行为约束提供实用的参考，从而帮助企业实现更加科学、有效的投资决策，提高投资效率，提升企业价值。本书通过理论分析和实证研究，得出如下结论。

（1）探究了企业生命周期管理者代理行为和管理者过度自信动态变化的规律

依据委托代理理论对管理者代理行为展开研究，随着企业生命周期阶段的发展，企业组织结构和内部层级越来越复杂、股权融资更加分散化，此三方面特征变化导致管理者代理行为程度逐期增强；依据管家理论和行为金融理论对管理者过度自信展开研究，通过过去经历、目前学习和未来预期三个影响管理者过度自信的因素，判断企业生命周期各阶段管理者过度自信水平逐期减弱。研究填补了企业生命周期不同阶段管理者过度自信水平波动的理论空白。

（2）揭示了管理者行为对企业非效率投资的动态综合影响机理

代理行为下管理者出于自由现金流假说、私有收益假说和管理者防御假说的动机做出有损股东利益的投资行为，过度自信的管理者因高估项目收益或因高估企业价值而放弃外部成本较高的融资导致非效率投资。综合管理者理性假设和非理性假设两种范式，结合企业生命周期不同阶段管理者代理行为程度和管理者过度自信水平的强弱，揭示出企业非效率投资动态综合的形成机理。成长期，管理者代理行为程度较弱，管理者过度自信水平最强，企业自由现金流充盈，非效率投资主要源于管理者过度自信对投资项目的乐观预期；成熟期，较强的盈利能力给企业带来了大量的自由现金流，过度自信的管理者和利己思想下的管理者都会利用充足的自由现金流引发企业非效率投资；衰退期，管理者代理行为程度最为严重，而管理者过度自信心理偏差有较明显的修正，面对企业不断恶化的状况，管理者更趋于理性，此阶段企业非效率投资主要由管理者代理行为导致。

（3）首次使用自利归因度量法对管理者过度自信进行度量并对理论假设进行检验

实证研究中变量的选取多引用了前人的研究成果，但对管理者过度自信的度量方法进行了比较和创新。依据心理学理论发现：自利归因行为既是管理者过度自信的函数，又影响着管理者过度自信。管理者过度自信的个体心理与自利归因的个体行为联系紧密，前者内隐不能直接观测，后者外显可以观察判断，两者拥有相同的主体，即企业管理者，用自利归因方法对管理者过度自信进行度量更符合心理学理论依据。应用自利归因度量法对 2012—2015 年上市公司数据进行度量，结果显示，每年都有近 70% 的管理者表现出过度自信。

本书选取了 2012—2015 年深沪主板上市公司为研究对象，数据来源于 CSMAR 数据库，最终确定总样本 1387 家公司，其中成长期样本 560 家公司，成熟期样本 320 家公司，衰退期样本 507 家公司。采用描述性统计、单因素方差分析、多元线性回归等实证方法对研究假设进行检验，选取可持续增长率为工具变量，应用两阶段最小二乘法解决内生性问题，并对实证结果进行了稳健性检验，得到一致的结论：管理者代理行为和管理者过度自信都可导致企业非效率投资。上市公司管理者代理行为随企业生命周期阶段的发展逐渐加强；但管理者过度自信程度却随之减弱，成长期阶段与成熟期阶段管理者过度自信水平无显著性差异，但显著高于衰退期管理者过度自信水平。管理者代理行为和管理者过度自信共同导致企业非效率投资，在企业生命周期不同阶段却存在差异性：成长期阶段的企业非效率投资主要受管理者过度自信的显著影响，成熟期阶段的企业非效率投资受管理者代理行为和管理者过度自信的共同影响，衰退期阶段的企业非效率投资主要受管理者代理行为的显著影响，成熟期管理者代理行为对企业非效率投资的影响作用较管理者过度自信对非效率投资的影响作用略强。

（4）提出约束管理者行为、治理非效率投资的对策建议

根据企业生命周期不同阶段非效率投资的管理者行为诱因，建立动态治理机制以应对管理者行为变化、建立条件约束机制以控制管理者决策资源、建立学习行为机制以修正管理者认知偏差，进而形成管理者“不敢非效率投资、不能非效率投资、不想非效率投资”的有效机制以治理非效率投资。强调不敢非效率投资，侧重对管理者实施严格的监督和有效的激励，重点解决管理者追求私利的动机，让管理者不敢牺牲股东利益；强调不能非效率投资，侧重对非效率投资的必要资源条件——自由现金流进行控制，让管理者在接受监督的同时没有机会进行非效率投资；强调不想非效率投资，侧重对管理者加强引导和学习教育，通过构建管理者社会网络纠正管理者认知偏差，使管理者在投资决策中趋于理性。

具体措施包括：首先，建立动态治理机制以应对管理者行为变化。成长期以管理者过度自信行为为治理重点，应侧重以强化管理者学习为主的内因修正和董事长与总经理两职分离、提高独立董事比例的外因约束两方面；成熟期治理要兼顾两种管理者行为，应强化实施有效的期权激励方案、扩大董事会规模并提高其有效性、利用外部管理者市场实施约束；衰退期以管理者代理行为为

治理重点，应强化大股东的监督作用、寻求外部资本和机构投资者的引入。对管理者的监督和激励应随企业生命周期的不同而动态变化。其次，建立条件约束机制以控制管理者决策资源。通过向股东发放股利、充分利用财务杠杆发挥负债治理效果来调节企业自由现金流，对管理者非效率投资的必要资源条件加以控制。最后，建立学习行为机制以修正管理者认知偏差。通过建立管理者社会网络，促进管理者市场声誉机制的建立，为管理者提供更多的学习机会、经验交流和有效信息，提高管理者在社会网络中的程度中心性和中介中心性，进而修正管理者的认知偏差。

9.2 研究局限

本书在理论分析的基础上，运用上市公司数据进行了实证分析，验证了理论假设，但本书在研究框架设计中还有一定的局限，可为后续研究提供思路。

第一，本书仅研究了非效率投资的总体情况，并未将其具体区分为投资不足和过度投资两种类型，对两种不同的非效率投资进行分别研究可以得出更具体的结论。

第二，本书仅在对策建议中提出了企业非效率投资动态公司治理的思想，并未对生命周期不同阶段公司治理的动态治理效果进行实证分析和检验，企业生命周期不同阶段非效率投资的具体原因不尽相同，其有效的公司治理机制方式和效果必然会存在差异，进一步研究此类问题能更有效地治理和缓解企业非效率投资。

第三，本书从心理学理论入手对影响管理者过度自信心理偏差的因素进行剖析，仅分析了企业生命周期不同阶段管理者过度自信水平的动态变化，未考虑不同行业、不同区域、不同市场化程度或不同产权性质等属性下管理者过度自信的差异，深入研究可以更全面系统地了解和控制管理者过度自信行为，以便对其实施更加有效的约束和控制。

参考文献

[1] 刘元春．国有企业的“效率悖论”及其深层次的解释 [J]．中国工业经济，2001（7）: 31–39.

[2] 张功富，宋献中．我国上市公司投资：过度还是不足？——基于沪深工业类上市公司非效率投资的实证度量 [J]．会计研究，2009（5）: 69–77.

[3] 周伟贤 . 投资过度还是投资不足——基于 A 股上市公司的经验证据 [J]．中国工业经济，2010（9）: 151–160.

[4] 池国华，杨金，郭菁晶．内部控制、EVA 考核对非效率投资的综合治理效应研究——来自国有控股上市公司的经验证据 [J]．会计研究，2016（10）: 63–69.

[5] 肖钢．上市公司募集资金闲置与投资绩效低迷之关联性研究——基于调查问卷的分析 [J]．财经理论实践，2008，29（2）: 63–68.

[6] 蒋海燕．创业板上市公司募集资金使用问题探析 [J]．财务与金融，2011（5）: 15–20.

[7] 吴金娇．创业板 28 家元老募集资金使用效率分析 [J]，武汉金融，2012（3）: 32–33.

[8] 方红星，金玉娜．公司治理、内部控制与非效率投资：理论分析与经验证据 [J]．会计研究，2013（7）: 63–69.

[9] Coase R H. The nature of the firm[J]. Economica，1937，4（16）:386–405.

[10] 黄莲琴．管理者过度自信、政治联系与公司投资研究述评及展望 [J]．当代会计评论，2013（1）: 92–102.

[11] 徐梅鑫，叶广宇．动态环境下企业传统、管理者个体对非理性决策的作用机制 [J]．管理学家：学术版，2012（7）: 36–47.

[12] Modigliani F，Miller M. H. The cost of capital，corporation finance

and the theory of investment[J]. The American Economic Review, 1958, 48（3）:261–297.

[13] Jensen M.C, Meckling W H. Theory of the firm: managerial behavior, agency costs, and ownership structure[J]. Journal of Financial Economics, 1976, 3（4）:305–360.

[14] Myers S C, Majluf N S. Corporate financing and investment decisions when firms have information that investors do not have[J]. Journal of Financial Economics, 1984, 13（2）:138–221.

[15] Jensen M C. Agency costs of free cash flow, corporate finance, and takeovers[J]. The American Economic Review, 1986, 76(2):323–329.

[16] 李焰，秦义虎，张肖飞．企业产权、管理者背景特征与投资效率 [J]．管理世界，2011（1）: 135–144.

[17] 张长春．产能严重过剩原因与治理措施 [J]．中国投资，2013（4）: 1.

[18] Roll R. The hubris hypothesis of corporate takeovers[J]. Journal of Business, 1986, 59:197–216.

[19] Haire M. Biological models and empirical histories of the growth of organizations[J]. Modern Organization Theory, 1959（10）:272–306.

[20] Adizes, I. How and why corporation grow and die and what to do about it: Corporate life cycle. Englewood Cliffs, New Jersey:Prentice–Hall. 1989.

[21] Miller D, Friesen P H. A longitudinal study of the corporate life cycle[J]. Management Science, 1984, 30（10）:1161–1183.

[22] 威廉·詹姆斯，郭宾．心理学原理 [M]．北京：中国社会科学出版社，2009.

[23] Jorgenson D W. Capital theory and investment behavior[J]. The American Economic Review, 1963, 53（2）:247–259.

[24] Jevons, WS. The theory of political economy, Augustus M[J]. Kelley,New York, 1871.

[25] Morgado A, Pindado J. The underinvestment and overinvestment hypotheses: an analysis using panel data[J]. European Financial Management, 2003, 9（2）:163–177.

[26] Tobin J. A general equilibrium approach to monetary theory[J]. Journal of Money, Cedit and Banking, 1969, 1（1）:15–29.

[27] 王化成. 高级财务管理学 [M]. 3 版 . 北京：中国人民大学出版社，2011：2–16.

[28] Fazzari S M, Hubbard R G, Petersen B C, et al. Financing constraints and corporate investment[J]. Brookings Papers on Economic Activity, 1988（1）:141–206.

[29] 李维安，姜涛. 公司治理与企业过度投资行为研究——来自中国上市公司的证据 [J]. 财贸经济，2007（12）: 56–61.

[30] 张功富. 企业的自由现金流量全部用于过度投资了吗——来自中国上市公司的经验证据 [J]. 经济与管理研究，2007（6）: 11–16.

[31] 支晓强，童盼. 管理层业绩报酬敏感度、内部现金流与企业投资行为——对自由现金流和信息不对称理论的一个检验 [J]. 会计研究，2007（10）: 73–81.

[32] 姚明安，孔莹. 财务杠杆对企业投资的影响——股权集中背景下的经验研究 [J]. 会计研究，2008（4）: 33–40、93.

[33] Hayashi F. Tobin's marginal q and average q: A neoclassical interpretation[J]. Econometrica: Journal of the Econometric Society, 1982:213–224.

[34] Vogt S C. The cash flow/investment relationship: evidence from US manufacturing firms[J]. Financial Management, 1994:23（2）3–20.

[35] 何金耿，丁加华. 上市公司投资决策行为的实证分析 [J]. 证券市场导报，2001（9）: 44–47.

[36] 梅丹. 我国上市公司固定资产投资规模财务影响因素研究 [J]. 管理科学，2005，18（5）: 80–86.

[37] Richardson S. Over-investment of free cash flow[J]. Review of Accounting Studies, 2006, 11（2-3）:159-189.

[38] 梅丹. 政府干预、预算软约束与过度投资——基于我国国有上市公司2004—2006年的证据[J]. 软科学，2009，23（11）：114-117、122.

[39] 王彦超. 融资约束、现金持有与过度投资[J]. 金融研究，2009（7）：121-133.

[40] 刘娥平，关静怡. 商业信用对企业非效率投资的双向治理[J]. 管理科学，2016，29（6）：131-144.

[41] 袁建国，范文林，程晨，等. CFO兼任董事能促进公司提高投资效率吗？——来自中国上市公司的经验证据[J]. 管理评论，2017，29（3）：62-73.

[42] 王克敏，刘静，李晓溪. 产业政策、政府支持与公司投资效率研究[J]. 管理世界，2017（3）：113-124.

[43] 张新民，张婷婷，陈德球. 产业政策、融资约束与企业投资效率[J]. 会计研究，2017（4）：12-18.

[44] Narayanan M P. Debt versus equity under asymmetric information[J]. Journal of Financial and Quantitative Analysis, 1988, 23（1）:39-51.

[45] Hubbard R G. Capital-Market Imperfections and Investment[J]. Journal of Economic Literature,1998,36（1）:193-225.

[46] 冯巍. 内部现金流量和企业投资[J]. 经济科学，1999（1）：51-57.

[47] 钟马，徐光华. 社会责任信息披露、财务信息质量与投资效率——基于"强制披露时代"中国上市公司的证据[J]. 管理评论，2017，29（2）：234-244.

[48] Kaplan S N, Zingales L. Do investment-cash flow sensitivities provide useful measures of financing constraints?[J]. The Quarterly Journal of Economics, 1997, 112（1）:169-215.

[49] 魏锋，刘星. 融资约束、不确定性对公司投资行为的影响[J]. 经济科学，2004（2）：35-43.

[50] Heitor M . Financial constraints, asset tangibility, and corporate investment[J]. European Accounting Review, 2007, 20（3）:1430-1460.

[51] 张莉芳. 融资约束、高额现金持有和投资效率 [J]. 山西财经大学学报，2013（4）: 114-124.

[52] 张悦玫，张芳，李延喜. 会计稳健性、融资约束与投资效率 [J]. 会计研究，2017（9）: 35-40.

[53] John K, Nachman D C. Risky debt, investment incentives, and reputation in a sequential equilibrium[J]. The Journal of Finance, 1985, 40（3）:863-878.

[54] Bebchuk L A, Kraakman R, Triantis G. Stock pyramids, cross-ownership, and dual class equity: the mechanisms and agency costs of separating control from cash-flow rights[M]. Concentrated Corporate Ownership. University of Chicago Press, 2000:295-318.

[55] Johnson S, Boone P, Breach A, et al. Corporate governance in the Asian financial crisis[J]. Journal of Financial Economics, 2000, 58（1-2）:141-186.

[56] Holmen M, Högfeldt P. A law and finance analysis of initial public offerings[J]. Journal of Financial Intermediation, 2004, 13（3）:324-358.

[57] 郝颖，刘星，林朝南. 上市公司大股东控制下的资本配置行为研究——基于控制权收益视角的实证分析 [J]. 财经研究，2006，32（8）: 81-93.

[58] 张栋. 终极控制人、负责融资与企业非效率投资 [J]. 中国管理科学，2009，17（6）: 177-185.

[59] 刘星，窦炜. 基于控制权私有收益的企业非效率投资行为研究 [J]. 中国管理科学，2009，17（5）: 156-165.

[60] 窦炜，刘星，安灵. 股权集中、控制权配置与公司非效率投资行为——兼论大股东的监督抑或合谋？[J]. 管理科学学报，2011，14（11）: 81-96.

[61] 杨清香，俞麟，胡向丽．不同产权性质下股权结构对投资行为的影响——来自中国上市公司的经验证据 [J]．中国软科学，2010（7）：142–150.

[62] 俞红海，徐龙炳，陈百助．终极控股股东控制权与自由现金流过度投资 [J]. 经济研究，2010（8）：103–114.

[63] 蔡珍红，冉戎．控制权私利、增长期权与非效率投资行为 [J]．系统工程理论与实践，2011，31（1）：55–63.

[64] 窦炜，马莉莉，刘星．控制权配置、权利制衡与公司非效率投资行为 [J]．管理评论，2016，28（12）：101–115.

[65] Fama E F，Miller M H. The theory of finance[M]. Holt Rinehart & Winston，1972.

[66] Myers S C. Determinants of corporate borrowing[J]. Journal of Financial Economics，1977，5（2）：147–175.

[67] Smith Jr C W，Warner J B. On financial contracting：An analysis of bond covenants[J]. Journal of Financial Economics，1979，7（2）：117–161.

[68] 童盼，陆正飞．负债融资、负债来源与企业投资行为：来自中国上市公司的经验证据 [J]．经济研究，2005（5）：75–84.

[69] 伍利娜，陆正飞．企业投资行为与融资结构的关系——基于一项实验研究的发现 [J]．管理世界，2005（4）：99–105.

[70] Ozkan A. An empirical analysis of corporate debt maturity structure[J]. European Financial Management，2000，6（2）：197–212.

[71] 朱磊．负债对企业投资行为影响的理论与实证研究 [D]．济南：山东大学，2008.

[72] Shin H H，Kim Y H. Agency costs and efficiency of business capital investment：evidence from quarterly capital expenditures[J]. Journal of Corporate Finance，2002，8（2）：139–158.

[73] 吴应军．经理人代理对投资效率的影响——基于中国上市家族企业的研究 [J]．当代经济科学，2016，38（3）：91–105.

[74] Lamont O. Cash flow and investment: evidence from internal capital markets[J]. The Journal of Finance, 1997, 52（1）:83–109.

[75] 胡建平，干胜道. 钱多办“坏”事：自由现金流量与过度投资 [J]. 当代财经，2007（11）: 107–110.

[76] Wei K C, Zhang Y. Ownership structure, cash flow, and capital investment: evidence from east asian economies before the financial crisis[J]. Journal of Corporate Finance, 2008, 14（2）:118–132.

[77] 张中华，王治. 内部现金流与中国上市公司投资行为：一个综合分析框架 [J]. 当代经济科学，2006，28（6）: 58–65.

[78] Miller M H. Debt and taxes[J]. The Journal of Finance, 1977, 32（2）:261–275.

[79] 李伟，李艳鹤. 内部控制质量、自由现金流量与非效率投资 [J]. 财经问题研究，2017（11）: 79–84.

[80] Stulz R M. Managerial discretion and optimal financing policies[J]. Journal of Financial Economics, 1990, 26（1）:3–27.

[81] Aggarwal R K, Samwick A A. Empire-builders and shirkers: investment, firm performance, and managerial incentives[J]. Journal of Corporate Finance, 2006, 12（3）:489–515.

[82] 刘怀珍，欧阳令南. 经理私人利益与过度投资 [J]. 系统工程理论与实践，2004，24（10）: 44–48.

[83] Grenadier S R, Wang N. Investment timing, agency, and information[J]. Journal of Financial Economics, 2005, 75（3）:493–533.

[84] Williamson O E. The economics of discretionary behavior: Managerial objectives in a theory of the firm[M]. Chicago, Illinois: Markham Publishing Company, 1964.

[85] Jensen M C. The modern industrial revolution, exit, and the failure of internal control systems[J]. The Journal of Finance, 1993, 48

（3）:831–880.

[86] Murphy K J. Corporate performance and managerial remuneration: An empirical analysis[J]. Journal of Accounting and Economics, 1985, 7（1–3）:11–42.

[87] Narayanan M P. Managerial incentives for short-term results[J]. The Journal of Finance, 1985, 40（5）:1469–1484.

[88] Holmstrom B, Costa J. Managerial incentives and capital management[J]. The Quarterly Journal of Economics, 1986, 101（4）:835–860.

[89] Hirshleifer D, Thakor A V. Managerial conservatism, project choice, and debt[J]. The Review of Financial Studies, 1992, 5（3）:437–470.

[90] Shleifer A, Vishny R W. A survey of corporate governance[J]. The Journal of Finance, 1997, 52（2）:737–783.

[91] Baker M. Career Concerns and Staged Investment: Evidence from the Venture Capital Industry [J]. Unpublished Working Paper, Harvard University, 2000.

[92] Grossman S J, Hart O D. Corporate financial structure and managerial incentives[M].The Economics of Information and Uncertainty. University of Chicago Press, 1982:107–140.

[93] 黄欣然. 盈余质量影响投资效率的路径——基于双重代理关系的视角 [J]. 财经理论与实践，2011，32（2）: 62–68.

[94] 陈运森，谢德仁. 网络位置、独立董事治理与投资效率 [J]. 管理世界，2011（7）: 113–127.

[95] 李云鹤，李湛. 管理者代理行为、公司过度投资与公司治理——基于企业生命周期视角的实证研究 [J]. 管理评论，2012，24（7）: 117–131.

[96] 陈晓芸，吴超鹏. 政治关系、社会资本与公司投资效率——基于投资—现金流敏感度视角的分析 [J]. 山西财经大学学报，2013（6）: 91–101.

[97] Langer E J. The illusion of control[J]. Journal of Personality and

Social Psychology, 1975, 32 (2) :311.

[98]Miller D T, Ross M. Self-serving biases in the attribution of causality: Fact or fiction?[J]. Psychological Bulletin, 1975, 82 (2) :213–225.

[99]Russo J E, Schoemaker P J H. Managing overconfidence[J]. Sloan Management Review, 1992, 33 (2) :7.

[100]Cooper A C, Woo C Y, Dunkelberg W C. Entrepreneurs' perceived chances for success[J]. Journal of Business Venturing, 1988, 3 (2) :97–108.

[101]Alicke M D, Klotz M L, Breitenbecher D L, et al. Personal contact, individuation, and the better-than-average effect[J]. Journal of Personality and Social Psychology, 1995, 68 (5) :804.

[102]Gervais S, Odean T. Learning to be overconfident[J]. the Review of Financial Studies, 2001, 14 (1) :1–27.

[103]Moore D A, Kim T G. Myopic social prediction and the solo comparison effect[J]. Journal of Personality and Social Psychology, 2003, 85 (6) :1121.

[104]Malmendier U, Tate G. CEO overconfidence and corporate investment[J]. The Journal of Finance, 2005, 60 (6) :2661–2700

[105]Glaser M, Schäfers P, Weber M. Managerial optimism and corporate investment: Is the CEO alone responsible for the relation working paper.2008.AFA 2008 New Orleans Meetings Paper.

[106] 郝颖，刘星，林朝南. 我国上市公司高管人员过度自信与投资决策的实证研究 [J]. 中国管理科学，2005，5 (13): 142–148.

[107] 饶育蕾，王建新. CEO 过度自信、董事会结构与公司业绩的实证研究 [J]. 管理科学，2010 (5): 2–13.

[108]Oliver B R. The impact of management confidence on capital structure. Working Paper, 2005.

[109] 余明桂，夏新平，邹振松. 管理者过度自信与企业激进负债行为 [J]. 管理世界，2006（8）: 104–112.

[110]Malmendier U, Tate G. Who make acquisition? CEO overconfidence and the market' s reaction[J]. Journal of Finance Economic, 2008, 89（1）:20–43.

[111]Brown R, Sarma N. CEO overconfidence, CEO dominance and corporate acquisitions[J]. Journal of Economics and Business, 2007, 59（5）:358–379.

[112]Hayward M L A, Hambrick D C. Explaining the premiums paid for large acquisitions: Evidence of CEO hubris[J]. Administrative Science Quarterly, 1997:103–127.

[113] 姜付秀，张敏，陆正飞，等. 管理者过度自信、企业扩张与财务困境 [J]. 经济研究，2009（1）: 131–143.

[114]Lin Y, Hu S, Chen M. Managerial optimism and corporate investment: Some empirical evidence from Taiwan[J]. Pacific-Basin Finance Journal, 2005, 13（5）:523–546.

[115]Hribar P, Yang H. CEO confidence, management earnings forecasts, and earnings management. Working Paper, SSRN elibrary, 2006.

[116] 王霞，张敏，于富生. 管理者过度自信与企业投资行为异化——来自我国证券市场的经验证据 [J]. 南开管理评论，2008（2）: 77–83.

[117] 马润平，李悦，杨英，张文静. 公司管理者过度自信、过度投资行为与治理机制 [J]. 证券市场导报，2012（6）: 38–43.

[118]Heaton J B. Managerial optimism and corporate finance[J]. Financial Management, 2002, 31（2）:33–45.

[119]Odean T. Do investors trade too much?[J]. The American Economic Review, 1999,89（5）: 1279–1298.

[120] 汪德华，周晓燕. 管理者过度自信与企业投资扭曲 [J]. 山西财经大学学

报，2007，29（4）: 56–61.

[121] 叶蓓，袁建国. 企业投资的行为公司财务研究综述 [J]. 会计研究，2007（12）: 76–82.

[122]Malmendier U, Tate G. Corporate financial polices with overconfidence managers[R]. National Bureau of Economic Research, 2007.

[123]Ben-David I, Graham J R, Harvey C R. Managerial overconfidence and corporate policies[R]. National Bureau of Economic Research, 2007.

[124]Jiang F, Stone G R, Sun J, et al. Managerial hubris, firm expansion and firm performance: Evidence from China[J]. The Social Science Journal, 2011, 48（3）:489–499.

[125]Huang W, Jiang F, Liu Z, et al. Agency cost, top executives' overconfidence, and investment-cash flow sensitivity—Evidence from listed companies in China[J]. Pacific-Basin Finance Journal, 2011, 19（3）:261–277.

[126] 叶蓓，袁建国. 管理者过度自信、道德风险与企业投资决策 [J]. 财会月刊，2009（3）: 5–8.

[127] 赵国宇. 管理者过度自信对公司投资及市场价值的影响研究 [J]. 经济与管理评论，2016，32（5）: 53–59.

[128] 吴静，曹明明. 管理者过度自信对企业投资行为的影响 [J]. 哈尔滨商业大学学报：社会科学版，2016（3）: 10–16.

[129] 刘柏，王一博. 管理者过度自信异质性与企业投资行为偏差 [J]. 江苏社会科学，2017（2）: 66–74.

[130]Huang R, Tan K J K, Sulaeman J, et al. Optimism or over-precision? What drives the role of overconfidence in managerial decisions?[J]. Social Science Electronic Publishing,2017（13）:1–61.

[131] 叶蓓. 管理者过度自信、投资—现金流敏感度与投资效率 [D]. 武汉：华

中科技大学，2008.

[132] 肖峰雷，李延喜，栾庆伟. 管理者过度自信与公司财务决策实证研究 [J]. 科研管理，2011，32（8）：151–160.

[133] 张敏，李延喜，冯宝军. 管理者层级差异、过度自信与公司投资决策 [J]. 当代经济管理，2012，34（12）：19–25.

[134] 刘柏，梁超. 管理者层级差异的过度自信对企业投资决策的影响研究 [J]. 管理学报，2016，13（11）：1614–1623.

[135] 梅世强，位豪强. 家族上市企业管理者过度自信与企业过度投资的实证研究 [J]. 西安建筑科技大学学报（自然科学版），2013（1）：98–104.

[136] 吴传清，郑开元. 管理者过度自信与企业非效率投资 [J]. 河北经贸大学学报，2017，38（4）：92–97.

[137] 李婉丽，谢桂林，郝佳蕴. 管理者过度自信对企业过度投资影响的实证研究 [J]. 山西财经大学学报，2014（10）：76–86.

[138] 胡国柳，周德建. 股权制衡、管理者过度自信与企业投资过度的实证研究 [J]. 商业经济与管理，2012（9）：47–55.

[139] 李建英，赵美凤，周欢欢. 股权制衡、管理者过度自信与过度投资行为 [J]. 经济与管理评论，2017，33（4）：48–54.

[140] 王艳林，薛鲁. 董事会治理、管理者过度自信与投资效率 [J]. 投资研究，2014，33（3）：93–106.

[141] 陈夙，吴俊杰. 管理者过度自信、董事会结构与企业投融资风险——基于上市公司的经验证据 [J]. 中国软科学，2014（6）：109–116.

[142] 胡国柳，李少华. 董事会勤勉、管理者过度自信与企业过度投资 [J]. 科学决策，2013（1）：1–18.

[143] 李忠民，仇群. 企业家过度自信和企业投资决策的相关性分析 [J]. 西安电子科技大学学报，2010，20（4）：87–91.

[144] 胡国柳，周遂. 会计稳健性、管理者过度自信与企业过度投资 [J]. 东南大学学报：哲学社会科学版，2013（2）：50–55.

[145] 胡国柳，周遂. 政治关联、过度自信与非效率投资 [J]. 财经理论与实

践，2013，33（6）: 37–42.

[146] 吴超鹏，吴世农，郑方镳．管理者行为与连续并购绩效的理论与实证研究 [J]．管理世界，2008（7）: 126–133.

[147] 陈佳贵．关于企业生命周期与企业蜕变的探讨 [J]．中国工业经济，1995（11）: 5–13.

[148]DeAngelo H, DeAngelo L, Stulz R M. Dividend policy and the earned/contributed capital mix: a test of the life-cycle theory[J]. Journal of Financial Economics, 2006, 81（2）: 227–254.

[149] 李业．企业生命周期的修正模型及思考 [J]．南方经济，2000（2）: 47–50.

[150] 姚益龙，赵慧，王亮．企业生命周期与并购类型关系的实证研究——基于中国上市公司的经验研究 [J]．中大管理研究，2009，4（4）: 35–49.

[151]Anthony J H, Ramesh K. Association between accounting performance measures and stock prices: A test of the life cycle hypothesis[J]. Journal of Accounting and Economics, 1992, 15（2–3）:203–227.

[152] 曹崇延，任杰，许崇春．自由现金流量与非效率投资——基于企业生命周期理论的实证研究 [J]．珞珈管理评论，2012（2）: 118–130.

[153]Dickinson V. Cash flow patterns as a proxy for firm life cycle[J]. The Accounting Review, 2011, 86（6）:1969–1994.

[154] 张俊瑞，李彬．企业生命周期与盈余管理关系研究——来自中国制造业上市公司的经验证据 [J]．预测，2009，28（2）: 16–20.

[155] 叶建芳，李丹蒙，唐捷．企业生命周期，债权治理和资产减值 [J]．财经研究，2010，36（9）: 26–36.

[156] 于团叶，陈翩翩，宋小满．基于生命周期的中小企业股权结构对绩效的影响 [J]．同济大学学报：自然科学版，2012，40（6）: 955–959.

[157]Ritter J R, Welch I. A review of IPO activity, pricing and allocations[J]. The Journal of Finance, 2002, 57（4）:1795–1828.

[158]Davis G F, Stout S K. Organization theory and the market for corporate control: A dynamic analysis of the characteristics of large takeover targets, 1980–1990[J]. Administrative Science Quarterly, 1992, 37:605–633.

[159]Owen S, Yawson A. Corporate life cycle and M&A activity[J]. Journal of Banking & Finance, 2010, 34 (2) :427–440.

[160]Mueller D C. A life cycle theory of the firm[J]. The Journal of Industrial Economics, 1972, 20 (3) :199–219.

[161]Jawahar I M, McLaughlin G L. Toward a descriptive stakeholder theory: An organizational life cycle approach[J]. Academy of Management Review, 2001, 26 (3) :397–414.

[162] 李云鹤，李湛，唐松莲. 企业生命周期、公司治理与公司资本配置效率 [J]. 南开管理评论，2011（3）: 110–121.

[163] 曹崇延，任杰，符永健. 企业生命周期与非效率投资——基于中国制造业上市公司面板数据的实证研究 [J]. 上海经济研究，2013（7）: 91–101.

[164] 刘焱. 企业生命周期、内部控制与过度投资 [J]. 财经问题研究，2014（11）: 133–140.

[165] 马春爱，韩新华. 基于不同生命周期的财务弹性与投资效率关系 [J]. 系统工程，2014（9）: 35–41.

[166] 黄伟麟，贺晋. 公司债能抑制企业无效投资吗？——基于中国上市公司的实证研究 [J]. 金融经济学研究，2015（2）: 51–61.

[167] 罗琦，李辉. 企业生命周期、股利决策与投资效率 [J]. 经济评论，2015（2）: 115–125.

[168] 赵玉明. 高管真实业绩操控与资本配置效率的衍化——来自主板的经验证据 [J]. 现代财经：天津财经学院学报，2016（9）: 88–99.

[169] 王嘉歆，黄国良，高燕燕. 企业生命周期视角下的 CEO 权力配置与投资效率分析 [J]. 软科学，2016（2）: 79–82.

[170] 谢佩洪，汪春霞. 管理层权力、企业生命周期与投资效率——基于中国

制造业上市公司的经验研究 [J]. 南开管理评论，2017，20（1）: 57–66.

[171] 沙浩伟，曾勇. 网络位置特征与企业投资效率——基于交叉持股网络的视角 [J]. 技术经济，2016（1）: 110–118.

[172] 魏群. 企业生命周期、债务异质性与非效率投资 [J]. 山西财经大学学报，2018，40（1）: 96–111.

[173] 李云鹤，李湛. 自由现金流代理成本假说还是过度自信假说？——中国上市公司投资—现金流敏感性的实证研究 [J]. 管理工程学报，2011，25（3）: 155–161.

[174] 李云鹤. 公司过度投资源于管理者代理还是过度自信 [J]. 世界经济，2014（12）: 95–117.

[175]Ross S A. The economic theory of agency: The principal's problem[J]. The American Economic Review, 1973, 63(2): 134–139.

[176] 连燕玲，贺小刚，张远飞，周兵. 危机冲击、大股东“管家角色”与企业绩效——基于中国上市公司的实证分析 [J]. 管理世界，2012（9）: 142–155.

[177] 郑磊. 投资心理学 [M]. 5 版 . 北京：机械工业出版社，2013 : 14.

[178] 贺妍，罗正英. 产权性质、投资机会与货币政策利率传导机制——来自上市公司投资行为的实证检验 [J]. 管理评论，2017，29（11）:28–40.

[179] 李维安，郝臣. 公司治理手册 [M]. 北京：清华大学出版社，2015 : 18–19.

[180]Hart O, Moore J. Debt and seniority:an analysis of the role of hard claim in constraining management [J]. American Economic Review,1995,85（3）: 567–585.

[181]Donaldson L, Davis J H. Stewardship theory or agency theory : CEO governance and shareholder return [J]. Australian Journal of Management，1991,16（1）:49–64.

[182]Simon H A. A behavioral model of rational choice[J]. The Quarterly Journal of Economics, 1955, 69（1）:99–118.

[183] 辛清泉，林斌，王彦超．政府控制、经理薪酬与资本投资 [J]．经济研究，2007（8）：110–122.

[184]Shefrin H. Behavioral corporate finance[J]. Journal of Applied Corporate Finance，2001,14（3）:113–124.

[185]Margaret W．认知心理学 [M]．北京：机械工业出版社．2016：1.

[186] 谢玲红，刘善存，邱菀华．学习型管理者的过度自信行为对连续并购绩效的影响 [J]．管理评论，2011，23（7）：149–154.

[187] 宋力，韩亮亮．大股东持股比例对代理成本影响的实证分析 [J]．南开管理评论，2005，8（1）：30–34.

[188] 侯巧铭，宋力，蒋亚朋．管理者过度自信度量方法的比较与创新 [J]．财经问题研究，2015（7）：58–65.

[189] 刘永芳．归因理论及其应用 [M]．济南：山东人民出版社，1998.

[190]McKinstry S. Designing the annual reports of Burton plc from 1930 to 1994[J]. Accounting，Organizations and Society，1996，21(1):89–111.

[191]Lewin K. Principles of topological psychology[M]. New York：McGraw-Hill，1936:12–113.

[192]Bettman J R，Weitz B A. Attributions in the board room：Causal reasoning in corporate annual reports[J]. Administrative Science Quarterly，1983，28（2）:165–183.

[193]Larwood L，Whittaker W. Managerial myopia：Self-Serving biases in organizational planning[J]. Journal of Applied Psychology，1977，62（2）:194–198.

[194] 孙蔓莉，王化成，凌哲佳．公司年报中自利性归因行为等实证研究 [J]．经济科学，2005（2）：82–93.

[195] 蒋亚朋．上市公司盈余变动归因信息披露中的自利性倾向研究 [J]．现代管理科学，2008（6）：117–119.

[196]Kahneman D，Lovallo D. Timid Choices and Bold Forecasts：

A Cognitive Perspective on Risk Taking[J]. Management Science,1993,39（1）:17–31.

[197]Salancik G R, Meindl J R. Corporate attributions as strategic illusions of management control[J]. Administrative Science Quarterly, 1984, 29（3）:238–254.

[198]Baginski S P, Hassell J M, Hillison W A. Voluntary causal disclosures: Tendencies and capital market reaction[J]. Review of Quantitative Finance and Accounting, 2000, 15（4）:371–389.

[199] 戴德明，邓璠. 亏损企业经营业绩改善措施及有效性研究 [J]. 管理世界，2007（7）: 129–135.

[200] 洪剑峭，皮建屏. 预警制度的实证研究——一项来自中国股市的证据 [J]. 证券市场导报，2002（9）: 4–14.

[201] 侯巧铭，宋力，蒋亚朋. 管理者行为、企业生命周期与非效率投资 [J]. 会计研究，2017（3）: 61–67、95.

[202]Penrose E T. The theory of the growth ofthe firm[M]. New York:Sharpe, 1959.

[203] 曹玉珊，张天西. 可持续增长率的价值相关性及其财务战略研究——来自中美上市公司的证据 [C]// 中国会计学会中国会计学会教育分会. 2005 年学术年会本书集（上）. 2005 : 15.

[204] 侯巧铭，夏爽，宋力. 管理者过度自信、非效率投资和成本粘性 [J]. 沈阳工业大学学报（社会科学版），2016，9（3）: 251–259.

[205] 侯巧铭，张喆，宋力. 管理层过度自信对会计稳健性影响的实证研究 [J]. 沈阳工业大学学报（社会科学版），2015，8（2）: 160–167.

[206] 侯巧铭，张寒月. 基于内生性的企业社会责任与财务绩效关系研究 [J]. 沈阳工业大学学报（社会科学版），2015，8（4）: 329–336.